지금 이 순간 바로 여기
죽음 앞에서 삶을 묻다

지금 이 순간 바로 여기
죽음 앞에서 삶을 묻다

초판 1쇄 발행 2025년 7월 25일

지은이 장용일
펴낸이 장현수
펴낸곳 메이킹북스
출판등록 제 2019-000010호

디자인 홍규선
편집 홍규선
교정 안지은
마케팅 김소형

주소 서울특별시 구로구 경인로 661, 핀포인트타워 912-914호
전화 02-2135-5086
팩스 02-2135-5087
이메일 making_books@naver.com
홈페이지 www.makingbooks.co.kr

ISBN 979-11-6791-726-3(03100)
값 16,800원

ⓒ 장용일 2025 Printed in Korea

잘못된 책은 구입하신 곳에서 바꾸어 드립니다.
이 책의 전부 또는 일부 내용을 재사용하려면 사전에 저작권자와 펴낸곳의 동의를 받아야 합니다.

홈페이지 바로가기

메이킹북스는 저자님의 소중한 투고 원고를 기다립니다.
출간에 대한 관심이 있으신 분은 making_books@naver.com으로 보내 주세요.

지금 이 순간, 바로 여기

죽음 앞에서 삶을 묻다

장용일

"우리가 가진 단 하나의 시간,
지금 이 순간, 바로 여기."

메이킹북스

서문

내 어린 시절의 기억은 조그만 단칸방에서 시작된다. 비록 작고 협소한 공간이었지만, 그곳은 나에게 집의 정감과 포근함을 느끼게 해주었던 시절로 남아 있다. 그 작은방은 내 삶의 시작과 함께 수많은 생각과 고민이 자라난 곳이었다. 지금 돌이켜보면, 어릴 적부터 왜 그리도 많은 생각과 공상을 품고 살았는지 모르겠다. 마치 가만히 있어도 무언가를 계속 송수신해야 하는 장치처럼, 나는 끊임없이 상상이라는 에너지를 만들어내며 거대한 세계를 창조하고 있었다.

아버지는 술을 달고 살았고 큰소리로 술주정하기를 즐겼다. 세상일에 인연이 없던 아버지는 경제적으로 파산했고 가정은 불안정했다. 나는 그런 아버지의 모습을 가까이서 지켜보며 자연스레 '삶이란 무엇인가'에 대해 깊은 생각을 하게 되었다. 아버지는 늘 괴로워했다. 말하지 않아도 느낄 수 있었다. 술에 취한 그의 눈빛에는 알 수 없는 질문들이 떠다니고 있었고, 그 질문들은 나에게도 큰 울림을 주었다. "삶이란 무엇인가?" 아버지의 물음은 어린 나에게 철학적 고민의 시작점이 되었고, 나는 그때부터 끊임없이 '삶의 본질'에 대해 질문을 던지기 시작했다. 아버지는 사랑이 가득한 사람이었다. 비록 술과 괴로움 속에 잠겨 있었지만, 그의 내면에는 깊고 애잔한 사랑이 자리하고 있었다. 그는 언제나 알 수 없는 사색의 끝자락에 걸터앉아 있는 사람처럼 보였다. 세상에 대한 그의 고독과 고통은 손에 잡히지 않는 먼 곳에 있었고, 나는 그런 아버지의 모습을 보며 삶의 고통에 대해 많은 생각을 하게 되었다.

세월이 흘러, 나 또한 많은 책을 읽고 철학을 공부하며 삶의 본질을 탐구하기 시작했다. 수많은 사색의 밤을 보냈고, 그 과정에서 나는 아버지와 같은 질문들을 던지며 답을 찾으려 애썼다. 하지만 시간이 지날수록 분명해진 것은, 우리가 찾던 답은 그 어디에도 없다는 사실이었다. 삶에 정해진 답이란 없다. 우리는 그저 매 순간을 살아갈 뿐, 그 순간을 어떻게 받아들이느냐가 중요할 뿐이었다.

어느 순간 나는 중요한 깨달음을 얻게 되었다. 인생은 정답을 찾는 과정이 아니라, 지금, 이 순간을 온전히 살아 내는 것이며, 그 속에서 삶의 의미를 발견하는 것이라는 사실을 말이다. 사람들이 평생을 종교적, 철학적 질문을 던지며 찾아 헤매던 답은 사실 매일의 순간 속에 존재하고 있었다. 그 순간들을 마주하는 용기와 그 안에서 진정한 자신을 발견하는 것, 그것이 우리가 삶에서 찾아야 할 유일한 답일지도 모른다. 이 책을 통해 나는 아버지와 나, 그리고 우리 모두가 겪어온 삶의 질문들에 대해 이야기하고 싶다. 삶은 답을 찾기 위한 목적지가 아니라, 지금 여기에 존재하는 순간을 살아가는 과정이다. 이 글을 읽는 독자들이 조금이나마 삶의 무게를 덜고, 그 속에서 의미를 찾으며 작은 평안을 얻기를 바란다. 삶은 때로는 괴로움으로 가득 차 보이지만, 그 속에서도 지금 이 순간을 온전히 살아가는 것이 결국 우리에게 가장 중요한 과제라는 사실을 함께 나누고 싶다.

2025년 3월 행복(딸)과 사랑(아들)이 잠자는 어느 새벽

차례

서문 ──────────────────────── 4

1. 아들의 첫 질문
- 1.1 대화의 시작: 왜 사는가? 10
- 1.2 인생의 의미를 찾아서 13
- 1.3 아버지의 고뇌와 아들의 의문 16

2. 삶의 괴로움과 죽음의 그림자
- 2.1 죽음의 불가피함 24
- 2.2 죽음을 마주한 인간의 심리 27
- 2.3 고통의 뿌리: 생로병사生老病死 32

3. 불교에서 찾은 지혜
- 3.1 연기법과 무상無常 40
- 3.2 피안彼岸과 니르바나Nirvana 44
- 3.3 삼법인三法印의 깨달음 49

4. 기독교에서 찾은 지혜
- 4.1 오늘을 살아라 56
- 4.2 시간을 아끼라 58
- 4.3 사랑으로 충만한 삶 61

5. 명사들의 사상과 철학
- 5.1 동양 철학에서의 삶의 본질　　　　　　　　68
- 5.2 서양 철학에서의 존재와 무無　　　　　　　73
- 5.3 종교와 철학의 경계를 넘어서　　　　　　　78

6. 무無의 본질과 존재의 의미
- 6.1 존재와 비존재의 경계　　　　　　　　　　84
- 6.2 실재實在와 허상虛像　　　　　　　　　　　88
- 6.3 본질은 아무것도 없다　　　　　　　　　　92

7. 삶의 허상과 진실
- 7.1 물질과 정신의 이분법　　　　　　　　　　98
- 7.2 피상적인 삶의 이면　　　　　　　　　　　102
- 7.3 진리와 깨달음의 길　　　　　　　　　　　105

8. 삶의 고통을 넘어
- 8.1 고통의 수용과 초월　　　　　　　　　　　112
- 8.2 존재의 이유에 대한 성찰　　　　　　　　　117
- 8.3 괴로움을 넘어선 평온　　　　　　　　　　122

9. 아버지의 마지막 가르침
- 9.1 삶과 죽음의 이중성　　　　　　　　　　　130
- 9.2 아무것도 아닌 것에서의 해방　　　　　　　135
- 9.3 아버지가 전하고자 하는 최후의 메시지　　　141

맺음말: 삶이란 무엇인가?　　　　　　　　　　146

해 질 무렵, 거실 창으로 따스한 빛이 스며들었다. 조용한 공간 속에서 책장을 넘기는 소리만이 가볍게 울렸다. 아들은 문득 아버지를 바라보며 입을 열었다.

"아버지, 우리는 왜 살아야 하나요?"

짧지만 무게감 있는 물음이었다. 순간, 시간의 흐름이 멈춘 듯했다. 아버지는 한동안 아무 말도 하지 않았다. 그 질문이 결코 가볍지 않다는 것을, 그리고 그 대답이 단순할 수 없음을 알고 있었기 때문이다.

아버지는 책을 덮고 천천히 아들의 눈을 바라보았다. 그 눈빛 속에는 호기심과 혼란이 공존했다. 그 나이쯤엔 누구나 한 번쯤 던져볼 법한 질문이었지만, 어쩌면 평생을 살아가면서도 온전히 풀지 못하는 질문이기도 했다.

"그 질문을 하기 위해 우리는 살아가는지도 모르겠구나."

아버지는 고요한 목소리로 말했다. 그는 수십 년 동안 삶과 죽음, 존재의 의

1. 아들의 첫 질문

미에 대해 고민해 왔다. 많은 철학자들의 사상을 탐구했고, 종교와 과학, 문학을 넘나들며 답을 찾으려 했다. 하지만 시간이 흐를수록 깨달은 것은, 명확한 정답은 없다는 사실이었다.

그럼에도 불구하고, 아버지는 아들에게 자신이 찾은 나름의 해답을 들려주고 싶었다. 그것은 단순한 가르침이 아니라, 함께 탐구하고 나누는 과정이었다.

아들은 한동안 생각에 잠겼다. 그의 눈빛은 단순한 호기심에서 점차 깊은 성찰로 변화하고 있었다. 아버지는 미소를 지으며 조용히 덧붙였다.

"너는 어떻게 생각하느냐? 우리는 왜 살아야 한다고 생각하니?"

이제 질문은 아들에게로 돌아왔다. 삶의 의미는 누군가에게서 주어지는 것이 아니라, 스스로 찾고 정의해야 하는 것임을 그는 서서히 깨닫기 시작했다. 그리고 이 작은 대화가, 앞으로 펼쳐질 긴 여정의 시작이 되리라는 것을 아직은 알지 못했다.

1.1 대화의 시작: 왜 사는가?

늦은 저녁, 창밖에는 희미한 가로등 불빛이 서늘한 공기 속에서 아련하게 흔들리고 있었다. 창문을 타고 흐르는 빗방울이 서재 안으로 부드러운 소리를 퍼뜨렸다. 아들은 조용히 문을 열고 아버지의 서재로 들어섰다.

서재 한쪽 벽을 가득 메운 책들이 무겁고도 깊은 사유의 흔적처럼 자리하고 있었다. 책장 속에는 고전 철학, 종교 경전, 인류 문명의 역사, 그리고 현대 과학까지 온갖 분야의 책들이 빼곡했다. 아버지는 책상 앞에 앉아 오래된 책 한 권을 넘기고 있었고, 그의 얼굴에는 생각에 잠긴 흔적이 깊이 새겨져 있었다.

아들은 잠시 머뭇거리다가 조심스럽게 입을 열었다.

"아버지, 우리는 왜 사는 걸까요?"

순간, 방 안이 고요해졌다. 흔들리던 촛불마저 잠잠해진 듯했다. 아들의 목소리는 차분했지만, 그 안에는 알 수 없는 무게가 실려 있었다.

"사람들은 왜 이렇게 끊임없이 고통 속에서도 살아가려고 할까요?"

아버지는 천천히 책을 덮었다. 그의 손길은 마치 오랜 시간을 되짚듯이 조심스러웠다.

아버지는 고개를 들고 아들의 눈을 바라보았다. 그 눈빛 속에는 단순한 호기심을 넘어, 인생을 향한 깊은 물음이 담겨 있었다.

한동안 침묵이 흘렀다. 마치 이 질문이 서재의 벽과 책장 사이를 천천히 떠돌며 답을 찾고 있는 듯했다.
"중요한 질문이구나."
아버지는 천천히 말을 꺼냈다. 그의 목소리는 차분하면서도 어딘가 쓸쓸함이 묻어 있었다.
"왜 사는가… 많은 사람들이 평생 이 질문에 대한 답을 찾으며 살아가지만, 정말 그 답이 있을까? 그리고 그 답을 찾는 게 과연 의미가 있는 걸까?"
아들은 이 말에 고개를 갸우뚱했다.
"그럼 아버지는 그 답을 찾으셨어요?"
아버지는 미소를 지으며 고개를 저었다.
"찾으려 노력했지. 하지만 돌이켜보면, 그 답을 찾으려 했던 과정 자체가 무의미하다는 생각이 들 때가 많았어. 결국, 어떤 답도 나를 완전히 만족시키지는 못하더구나."
아들의 이마에 희미한 주름이 잡혔다. 답이 없다는 것은 무언가 허무한 느낌을 주었다.
아버지는 손끝으로 책 표지를 천천히 쓸어내리며 말을 이었다.
"소크라테스는 '삶이란 끊임없이 질문을 던지는 것이다'라고 했지. 그는 평생 질문을 던지며 의미를 찾으려 했지만, 결국 중요한 것은 답이 아니라 질문을 던지는 과정 자체였음을 깨달았어."
창밖에서 바람이 불어 나뭇가지가 서걱였다. 서재의 한쪽에서 오래된 시계가 짧은 소리로 시간을 알렸다.
아들은 입술을 깨물며 생각에 잠겼다.
그동안 아들은 인생이란 정답을 찾아가는 과정이라고 생각했다. 어딘가에 '이것이 삶의 의미다'라는 명확한 답이 존재할 것이라고 믿었다. 하지만 아버지의 말은 전혀 다른 시각을 열어주었다.

'답이 아니라, 질문을 던지는 과정 자체가 의미일 수도 있다…?'
머릿속에서 무언가가 바뀌는 느낌이었다.
아버지는 조용히 아들의 어깨를 두드렸다.
"네가 던진 질문이 어쩌면 네 삶의 방향을 결정할지도 모른다. 그리고 그 답은 네가 살아가는 과정 속에서 스스로 찾아가야 하는 거야."
아들은 한동안 그 말의 의미를 곱씹었다. 그리고 그 순간, 자신이 지금까지와는 다른 눈으로 세상을 바라보기 시작했음을 깨달았다.
이렇게, 아버지와 아들의 철학적 여정은 시작되고 있었다.

1.2 인생의 의미를 찾아서

서재의 공기는 언제나처럼 차분하고 무거웠다. 책장에는 아버지가 오랜 세월 동안 탐구해 온 사상의 흔적들이 빼곡히 자리하고 있었다. 철학, 종교, 문학, 역사, 심지어 과학서적까지. 마치 인생의 의미를 찾기 위해 닥치는 대로 읽어 내려간 흔적처럼 보였다.

책장 앞에서 천천히 손을 뻗던 아버지는, 마치 기억을 더듬듯 손끝으로 책등을 가볍게 쓸어내렸다. 수십 년 전, 젊은 시절의 자신이 이 책들 앞에서 같은 질문을 던졌던 것이 떠올랐다.

그는 고요한 목소리로 입을 열었다.

"나는 젊은 시절부터 삶의 의미를 찾아 헤맸단다."

아들은 조용히 아버지의 말을 들으며 그의 손끝을 바라보았다.

아버지가 뽑아 든 책은 닳고 낡은 철학서였다. 거기에는 인간의 본질, 존재, 그리고 삶의 목적에 대한 무수한 사유들이 담겨 있었다. 그는 조용히 책장을 넘기며 말을 이었다.

"젊었을 때는 삶의 고통을 극복하고, 더 나은 세상을 만드는 것이 인간의 사명이라고 믿었어."

아들은 고개를 끄덕였다.

"하지만 이상하게도, 그럴수록 삶의 고통은 더 깊어지기만 하더구나."

아들은 의아한 표정을 지었다.

고통을 없애기 위해 삶의 의미를 찾으려 했는데, 오히려 그 과정이 고통을 더 심화시켰다는 말인가?

그는 곧바로 물었다.

"그럼 아버지는 결국 무엇을 찾으셨나요?"

아버지는 잠시 창밖을 바라보았다. 밤하늘은 검고 깊었으며, 별빛은 유난히도 선명했다.

"처음에는 절대적인 진리를 찾으려 했어. 세상의 모든 고통과 불안을 해결할 수 있는, 완벽한 답이 있을 거라 생각했지."

아버지는 책을 덮으며 말했다.

"하지만 시간이 지나면서 깨달은 건, 그런 답은 존재하지 않는다는 거였어. 아니, 적어도 내가 찾을 수 있는 진리는 없었지."

아들은 놀랍고도 씁쓸한 기분이 들었다.

아버지처럼 오랜 시간 동안 철학과 종교를 탐구해 온 사람조차도 명확한 답을 찾지 못했다면, 자신 같은 평범한 사람은 어디서 답을 구해야 하는 것일까?

"그럼 우리는 어떻게 살아야 하나요?"

그는 마치 방향을 잃은 듯한 목소리로 물었다.

아버지는 아들의 눈을 바라보며 천천히 고개를 끄덕였다.

"지금, 바로 이 순간을 살아가는 거다."

아들은 무언가를 더 기대했지만, 아버지의 대답은 단순했다.

하지만 그 단순한 대답 속에 담긴 무게는 결코 가볍지 않았다.

"우리가 진정으로 가진 건 이 순간뿐이야."

아버지는 천천히 자리에서 일어나 창문을 열었다. 서늘한 밤공기가 방 안으로 밀려들었다.

"과거는 이미 지나가 버렸고, 미래는 아직 오지 않았지. 그런데도 사람들은 늘 과거에 매달리거나, 불확실한 미래를 걱정하며 살아가더구나."

그는 창밖을 바라보며 말을 이었다.

"나는 수많은 철학자와 사상가들의 글을 읽었지만, 결국 가장 중요한 것은 '지금'이라는 것을 깨달았어. 니체는 '신은 죽었다'고 선언하며 인간이 스스로의 답을 찾아야 한다고 했고, 불교에서는 '무상無常'을 강조하며 모든 것은 변한다고 가르치지. 세상의 모든 가르침이 결국 하나의 방향을 가리키고 있어."

아들은 깊은 생각에 빠졌다.

과거와 미래의 짐을 내려놓고, 오직 현재만을 살아가는 것.

그렇게 단순한 답이지만, 사람들은 왜 그것을 실천하지 못하는 걸까?

"그렇다면, 우리가 찾는 답이란…"

아들은 조심스럽게 말을 이었다.

"…스스로 만들어가는 거네요."

아버지는 미소를 지으며 고개를 끄덕였다.

"그렇지. 답은 어디에도 적혀 있지 않아. 우리가 살아가면서 순간순간 선택하고, 경험하고, 깨달아 가는 과정 속에서 비로소 만들어지는 거란다."

그는 천천히 창문을 닫고 아들의 어깨를 가볍게 두드렸다.

"그러니 완벽한 답을 찾는 것이 아니라, 매 순간을 살면서 그 답을 만들어가야 하지 않겠니?"

아들은 창밖을 바라보았다.

밤하늘의 별들은 저마다 다른 빛을 내며 반짝이고 있었다.

어쩌면 삶이란, 별빛처럼 각자가 저마다의 의미를 만들어가는 여정일지도 몰랐다.

이제 그는 그것을 스스로 찾아 나설 준비가 되어 있었다.

1.3 아버지의 고뇌와 아들의 의문

늦은 밤, 창밖의 공기는 차가웠고, 창문 너머 어둠 속에서는 간간이 바람이 스치는 소리가 들렸다. 방 안에는 책들이 고요하게 서 있었고, 은은한 조명이 책장과 아버지의 얼굴을 부드럽게 비추고 있었다.
아들은 책상 맞은편에 앉아 조용히 아버지를 바라보았다. 깊은 사색에 잠긴 듯한 아버지의 모습에서, 아들은 그가 어떤 생각을 하고 있는지 궁금했다.
아버지는 한동안 말이 없었다. 그저 창밖을 바라볼 뿐이었다. 마치 지금껏 걸어온 길을 되짚어 보는 듯한 눈빛이었다. 그리고 마침내, 아버지는 천천히 입을 열었다.
"삶이란 끝없는 질문의 연속이란다."
아들은 고개를 끄덕였지만, 마음속에는 여전히 혼란이 가득했다.
아버지의 말은 단순하면서도 깊었다. 하지만 그는 그 깊이 속에서 한 가지 의문을 떨칠 수 없었다.
아버지가 그렇게 오랜 세월을 공부하고 탐구했음에도 결국 아무것도 얻지 못한 것은 아닐까?
그렇다면, 인생에 대한 탐구는 결국 헛된 것이 아닐까?
아들은 조심스럽게 물었다.
"아버지, 그 오랜 시간 동안 공부하시고 생각하셨는데, 결국 아무것도 얻지 못한 건가요?"

아들의 질문은 솔직했고, 그 솔직함이 아버지의 마음 어딘가를 가볍게 찌르는 듯했다.

아버지는 미소를 지었지만, 그 미소 속에는 약간의 씁쓸함이 섞여 있었다. 그는 천천히 창밖으로 시선을 돌리며 가벼운 한숨을 내쉬었다.

"얻은 것이 없다는 말이 맞을지도 모르지."

"하지만 동시에, 그 '없음' 속에서 내가 무언가를 보았다고 생각해."

아들은 의아한 표정을 지었다.

"없음 속에서 무언가를 보셨다고요?"

아버지는 천천히 고개를 끄덕이며 말을 이었다.

"인생은 고통과 괴로움이 가득한 여행이야. 그리고 그 중심에는 피할 수 없는 죽음이 있지. 우리는 살아가면서 수많은 것들을 소유하려 하고, 모든 것을 통제하려 애쓰지만, 결국 죽음 앞에서는 아무것도 할 수 없다는 사실을 받아들여야 해."

그 말에 아들은 한동안 침묵했다.

아버지가 말하는 죽음.

그것이 모든 것의 핵심이라는 사실을 그는 아직 완전히 받아들이지 못했다.

그는 천천히 입을 열었다.

"그렇다면, 우리가 겪는 모든 괴로움은 결국 죽음에 대한 두려움에서 오는 건가요?"

아버지는 고개를 끄덕였다.

"그래, 맞아. 죽음은 피할 수 없는 현실이지. 그래서 수많은 철학자와 종교가 이 문제를 다뤄왔어."

그는 책장 한구석을 바라보며 말했다.

"불교에서는 '무상無常'을 가르치며, 모든 것이 변하고 사라진다고 하지. 기독교에서는 죽음 이후의 세계를 이야기하고, 힌두교에서는 윤회를 말해. 실존주의 철학자들은 죽음을 인간이 마주해야 하는 가장 본질적인 질문이라고 했지."
아들은 깊이 생각에 잠겼다.
어쩌면 인간이 끊임없이 신을 찾고, 철학을 연구하고, 예술을 창조하는 이유는 모두 죽음 때문인지도 몰랐다.
아버지는 조용한 목소리로 덧붙였다.
"하지만 아무리 공부하고 깨달으려 해도, 죽음을 온전히 받아들이는 것은 여전히 어려운 일이야. 그리고 그 사실을 인정하고 나면, 남는 건 하나뿐이지."
아버지는 천천히 아들을 바라보았다.
"바로 지금, 여기서 살아가는 것. 그 외의 모든 것은 덧없는 바람에 불과해."
아들은 눈을 감았다.
그 말이 가슴 깊이 와닿았지만, 한편으로는 납득하기 어려웠다.
아버지가 수십 년을 탐구한 끝에 도달한 답이 단지 '지금을 살아가는 것'이라면, 그 오랜 세월의 고민과 사색은 무엇이었을까?
그는 다시 조심스럽게 물었다.
"그러면, 아버지. 우리가 할 수 있는 것은 그저 살아가는 것뿐인 건가요?"
아버지는 미소를 지으며 고개를 끄덕였다.
"그래, 모든 것이 불확실한 이 세상에서 확실한 것은 단 하나야."
그는 조용히 책을 덮으며 말했다.
"우리는 지금, 여기서 살아야 해. 이 순간을 놓치지 말아야 한다는 것. 그 외의 모든 것은 결국 지나가는 바람이야. 그 바람을 잡으려는 시도는 그저 우리를 지치게 할 뿐이지."

아들은 한동안 그 말을 곱씹었다.

아버지의 삶과 그의 모든 고뇌는 결국 이 단순한 진리로 귀결되는 듯했다.

그것이 허무하게 느껴지기도 했지만, 동시에 그 허무 속에서 묘한 평온함이 느껴지기도 했다.

그는 잠시 망설이다 다시 입을 열었다.

"하지만, 아버지. 그럼에도 불구하고 우리는 계속해서 뭔가를 찾고, 더 나아지려 애쓰잖아요."

아들은 답을 알고 싶었다.

"그건 왜 그런 걸까요? 죽음을 피할 수 없다는 걸 알면서도, 왜 인간은 끊임없이 미래를 걱정하고 고통을 자초하는 걸까요?"

아버지는 잠시 생각에 잠겼다.

그리고 조용한 목소리로 대답했다.

"그것이 인간의 본성이기 때문이지."

아들은 고개를 들었다.

아버지는 말을 이었다.

"우리는 본능적으로 더 나은 삶을 갈망해. 하지만 그 갈망이 우리를 더욱 괴롭게 만들기도 하지. 미래를 염려하고, 과거를 후회하면서 우리는 지금 이 순간을 놓치고 살아가곤 하지."

그는 한숨을 내쉬며 덧붙였다.

"그래서 그 갈망과 괴로움 속에서 균형을 찾는 것이 중요해. 삶은 불완전하고, 우리는 그 불완전함 속에서 길을 찾아야만 해."

아들은 깊이 고개를 끄덕였다.

조금씩, 아주 조금씩, 아버지의 말이 이해되기 시작했다.

"그래서, 아버지."

아들은 미소를 지으며 말했다.
"우리가 할 수 있는 건, 그저 살아가면서 그 불완전함을 받아들이는 거군요?"
아버지는 다시 미소를 지었다.
"맞아. 그 불완전함 속에서도 우리는 길을 찾을 수 있어. 그것이 삶의 본질이니까."
그는 아들의 어깨를 가볍게 두드렸다.
"완전함을 추구하되, 그 안에서 지금을 놓치지 않는 것. 그것이 우리가 할 수 있는 유일한 일이야."
아들은 천천히 눈을 감았다.
그 말이 머릿속에서 천천히 울려 퍼졌다.
그 순간, 그는 알 수 없는 평온함을 느꼈다.

삶의 본질을 탐구하는 여정에서 아버지는 죽음과 고통이라는 인간이 피할 수 없는 현실을 직면하게 한다. 우리는 태어나는 순간부터 죽음을 향해 나아가고 있으며, 생로병사의 과정 속에서 크고 작은 고통을 경험한다.

죽음은 두려움의 대상이자, 동시에 삶을 더 깊이 이해하게 만드는 거울과도 같다. 인간은 죽음의 불가피함을 인지하면서도 이를 외면하거나 부정하려 한다. 하지만 아버지는 오히려 죽음을 삶의 일부로 받아들이고, 그것이 어떻게 우리의 가치관과 행동을 형성하는지 성찰하게 만든다.

2. 삶의 괴로움과 죽음의 그림자

삶과 죽음은 서로 대립하는 개념이 아니라, 하나의 연속선 위에 존재한다. 죽음을 의식할수록 삶은 더욱 선명해지고, 고통을 인정할 때 우리는 더욱 깊이 있는 삶을 살 수 있다. 그렇기에 생로병사의 과정은 고통만을 의미하는 것이 아니라, 인간이 성장하고 성숙해지는 필연적인 여정이기도 하다.

결국 우리는 삶과 죽음이 어떻게 얽혀 있는지를 다시금 생각하게 된다. 삶의 괴로움을 부정하는 것이 아니라, 그것을 직면하고 이해하는 과정에서 비로소 진정한 삶의 의미를 발견할 수 있기 때문이다.

2.1 죽음의 불가피함

아버지는 묵직한 어조로 말을 이어갔다.
"죽음은 우리 모두가 맞이할 수밖에 없는 필연적인 현실이지. 그 누구도 이 진리를 피해갈 수 없어. 하지만 대부분의 사람들은 이를 외면하며 살아가지. 어쩌면, 죽음을 부정하고 잊으려는 노력이 오히려 삶을 더욱 괴롭게 만드는 이유일지도 몰라."
아들은 아버지의 말을 듣고 고개를 끄덕였지만, 마음 한구석에는 여전히 해결되지 않은 의문이 남아 있었다. 아버지의 말은 논리적으로 맞았지만, 사람들이 죽음을 두려워하는 이유가 단순히 '죽음'이라는 개념 때문일까?
"아버지, 왜 사람들은 죽음을 그렇게 두려워하는 걸까요?" 아들은 조심스럽게 물었다. "죽음이 피할 수 없는 것이라면, 왜 받아들이는 게 그렇게 어려운 걸까요?"
아버지는 잠시 책장 쪽으로 몸을 돌려 한 권의 낡은 철학서를 천천히 꺼냈다. 오래된 책을 손에 쥔 그의 표정에는 과거의 기억이 스쳐 지나가는 듯한 기색이 떠올랐다.
"사람들은 죽음을 생각하면 '끝'을 느끼지." 아버지는 조용히 책장을 넘기며 말했다. "우리는 태어난 순간부터 한정된 시간 속에 살고 있다는 사실을 본능적으로 알아. 하지만 막상 죽음이 가까워질수록, 그 끝을 어떻게 준비해야 할지, 받아들여야 할지 알지 못하는 거야. 죽음은 모든 것을 멈추게 해. 우리의 꿈, 목표, 사랑, 관계… 그 모든 것이 한 순간에 사라질 것 같으니까. 그래서 우리는 두려움을 느끼지."
아들은 그 말에 깊이 공감하면서도, 여전히 뭔가가 완전히 이해되지 않는 듯한 느낌이 들었다.

"그럼에도 불구하고," 아들은 잠시 말을 멈추고 생각을 정리한 후 다시 물었다. "왜 우리는 그런 허망함 속에서도 끝없이 살아가려고 애쓰는 걸까요? 죽음이 모든 걸 무의미하게 만든다면, 그 무의미 속에서도 살아가는 이유는 대체 뭘까요?"

아버지는 잠시 미소를 지었다. 아들이 점점 더 중요한 질문에 다가가고 있음을 느꼈다.

"그건 바로 인간의 본성이란다." 아버지는 천천히 말을 이었다. "알베르 카뮈는 그의 부조리 철학에서 이 질문에 대한 답을 시도했지. 그의 『시지프 신화』를 기억하니? 시지프는 끊임없이 바위를 산 위로 밀어 올리는 형벌을 받았지. 바위는 다시 굴러 내려오고, 그는 또다시 바위를 밀어 올려야 했지. 그는 끝없이 반복되는 고통과 부조리 속에서 살았어. 하지만 카뮈는 말했지. 그 고통 속에서도 시지프는 반항하며 삶을 받아들였다고."

아들은 시지프 신화를 떠올리며 다시 아버지를 바라보았다. "그럼, 우리가 고통 속에서도 살아가야 하는 이유는 그 반항 때문인가요?"

아버지는 고개를 끄덕였다.

"맞아. 카뮈는 말했지. 부조리한 세상에서 고통은 피할 수 없지만, 그 고통 속에서 우리가 할 수 있는 것은 바로 그 부조리와 고통에 반항하며 살아가는 것이라고. 죽음이 우리에게 부여된 운명이라면, 그 운명 속에서 우리는 살아 있다는 사실 그 자체로 의미를 찾아야 해."

잠시 침묵이 흘렀다. 아들은 무거운 마음으로 죽음과 삶에 대해 다시금 생각에 잠겼다.

"그렇다면," 아들은 조심스럽게 다시 입을 열었다. "죽음이 모든 걸 멈춘다 해도, 그 전까지의 삶은 의미가 있다고 생각해야 하나요? 죽음을 의식하며 살아가는 게 오히려 더 괴롭지 않을까요?"

아버지는 깊은 한숨을 내쉬며 말했다.

"그렇지. 죽음을 인식하며 살아가는 것은 무겁고 고통스러워. 하지만 그 무게 속에서도 우리가 '지금, 이 순간'에 집중할 수 있다면, 그때 비로소 죽음을 받아들일 준비가 된 거야. 죽음은 우리가 맞이해야 할 현실이지만, 그 전까지의 모든 시간, 즉 '이 순간'이야말로 우리가 집중해야 할 전부인 거지."

아들은 천천히 고개를 끄덕였다. 삶은 끝없는 고뇌 속에서 살아가야 하는 것이지만, 그 고뇌가 오히려 삶을 더 풍부하게 만드는 것일지도 모른다는 생각이 들었다.

"그래서," 아들은 미소를 지으며 말했다. "우리가 할 수 있는 건 그저 살아가는 것뿐인 거군요, 그 불가피한 죽음이 닥치기 전까지."

아버지도 미소를 지었다.

"맞아. 죽음은 언제나 우리의 곁에 있지만, 우리가 죽음에 얽매일 필요는 없어. 대신 우리는 그 순간까지 최선을 다해 살아가는 것. 그게 바로 삶의 본질이자, 우리가 할 수 있는 유일한 일이야."

2.2 죽음을 마주한 인간의 심리

아버지는 찻잔을 손에 들고 천천히 말을 이었다.

"죽음을 직면한 순간, 인간은 다양한 방식으로 반응하지. 어떤 이는 그 순간을 피하려 하고, 어떤 이는 부정하기도 하고, 때로는 극복하려고 애쓰기도 해. 하지만 이 모든 반응은 결국 같은 곳으로 연결돼. 죽음 앞에서 우리는 무력할 수밖에 없다는 진리 말이지."

아들은 아버지의 말을 들으며 생각에 잠겼다. 어릴 적부터 수없이 들어왔던 이야기지만, 막상 깊이 생각해 본 적은 없었다.

"죽음을 극복하려는 건 자연스러운 본능 아닌가요? 인간은 끝없는 존재를 꿈꾸잖아요. 죽음을 피하려는 것은 오히려 우리에게 당연한 감정 같아요."

아버지는 미소를 지으며 고개를 끄덕였다.

"맞아. 인간은 본능적으로 영원히 살고 싶어 해. 많은 종교와 철학이 영생을 이야기하는 이유도 그 때문이지. 우리는 끝을 마주하는 것이 두렵기 때문에, 영원한 삶을 꿈꾸고 갈망해. 그런데 실질적으로 우리가 영원히 살 수 없다는 사실은 너무나 명확하지. 그 사실을 인정하고 받아들이는 건 참으로 어려운 일이야."

아버지는 잠시 말을 멈추고 차를 한 모금 마셨다. 그 짧은 침묵 속에서 아들은 아버지의 말을 곱씹으며 깊은 생각에 잠겼다. 인간은 늘 죽음을 부정하고 싶어 하지만, 그것이 불가피하다는 현실은 변하지 않는다. 결국, 우리는 그 사실을 어떻게든 직면해야만 했다.

아버지는 다시 찻잔을 내려놓으며 말을 이었다.

"죽음의 불가피성을 받아들이는 동시에, 그에 저항하고 싶은 본능이 있는 것이 바로 인간이지. 이 갈등이 우리가 겪는 내면의 혼란과 고통의 근원이야. 죽음이 반드시 찾아온다는 사실을 알면서도, 많은 사람들이 죽음에 대한 두려움 때문에 오히려 현재를 놓치는 경우가 많아."

아들은 아버지의 말을 듣고 고개를 끄덕였다. 죽음에 대한 두려움은 모든 사람의 마음속에 자리 잡고 있었다. 그것은 단순히 끝을 맞이하는 것이 아니라, 살아온 모든 시간이 무의미해질 수 있다는 두려움일지도 모른다.

죽음의 공포와 인간의 반응

"그런데 아버지, 사람마다 죽음을 대하는 태도가 다른 것 같아요. 어떤 사람들은 담담하게 받아들이는 반면, 어떤 사람들은 극도의 공포를 느끼잖아요. 왜 그런 걸까요?"

아버지는 잠시 생각하더니, 창밖을 바라보며 말을 이었다.

"좋은 질문이야. 사실 죽음에 대한 공포는 인간의 성향과 삶의 경험에 따라 다르게 나타나지. 심리학에서는 이를 '죽음 불안'이라고 부르는데, 죽음을 어떻게 바라보느냐에 따라 크게 세 가지 유형으로 나눌 수 있어."

아들은 자세히 듣기 위해 몸을 앞으로 기울였다.

"첫 번째는 '회피형'이야. 이런 사람들은 죽음을 생각하는 것 자체를 두려워해서, 아예 그 주제를 피하려고 해. 마치 죽음을 외면하면 현실이 아닌 것처럼 행동하는 거지. 하루하루 바쁘게 살아가면서도 정작 삶의 의미에 대해 깊이 고민하지 않는 사람들이 여기에 속해."
"두 번째는 '극복형'이야. 이런 사람들은 죽음을 부정하거나 극복하려고 애쓰지. 예를 들어, 과학이 발전하면 인간이 영원히 살 수 있을 거라 믿거나, 죽음 이후에도 의식이 이어진다고 강하게 믿으면서 안도감을 얻으려 해. 신앙을 통해 죽음을 극복하려는 사람들도 많지."
"마지막으로 '수용형'이 있어. 이들은 죽음이 필연적인 것임을 인정하고, 오히려 그 사실을 통해 삶을 더욱 소중히 여기는 사람들이야. 티베트의 스님들은 매일 명상하면서 죽음을 떠올린다고 해. 죽음을 기억하면 삶의 집착에서 벗어날 수 있다고 믿기 때문이지."
아들은 흥미로운 듯 고개를 끄덕였다.
"그렇다면, 우리가 이상적으로 도달해야 할 태도는 세 번째 유형이겠네요?"
"꼭 그렇지만은 않아." 아버지는 조용히 미소 지었다.
"중요한 건, 우리가 죽음을 두려워하는 감정을 완전히 없앨 필요는 없다는 거야. 두려움 자체가 잘못된 게 아니거든. 오히려 그 두려움을 어떻게 다루느냐가 더 중요하지."

"죽음이 삶을 더욱 가치 있게 만든다"

"그러면, 아버지." 아들은 조심스럽게 다시 입을 열었다. "우리는 어떻게 그 죽음을 받아들여야 할까요? 그 두려움을 없앨 방법이 있나요?"
아버지는 아들의 질문에 잠시 생각에 잠겼다가 미소를 지으며 말했다.
"두려움을 완전히 없애려 하기보다는, 그 두려움을 인식하고 받아들이는 것이 중요해. 두려움은 인간의 자연스러운 감정이야. 죽음을 두려워하는 것도 우리가 살아 있기 때문이지. 하지만 죽음은 모든 것을 끝내는 것이 아니라, 오히려 지금 이 순간을 소중하게 만드는 것이기도 해."
아들은 그 말에 조금 놀란 듯했다.
"죽음이 순간을 소중하게 만든다구요?"
아버지는 고개를 끄덕이며 설명을 이어갔다.
"그래. 죽음이 없다면 우리는 시간을 소중하게 여기지 않을 거야. 우리는 언젠가 끝이 온다는 걸 알기 때문에, 매 순간을 소중하게 느끼고 그 순간을 충실하게 살아가려는 거지. 죽음을 마주하는 순간, 비로소 우리는 살아 있음을 진정으로 깨달을 수 있어."
아들은 그 말을 듣고 깊은 생각에 빠졌다. 죽음이 삶의 반대가 아니라, 그 자체로 삶을 더 의미 있게 만들어주는 요소라는 아버지의 말이 충격적으로 다가왔다. 죽음이 없다면, 지금 이 순간의 가치도 사라질 것이라는 말은 그의 마음에 강하게 남았다.
"그러니까," 아들은 천천히 말했다. "죽음을 두려워하는 것이 오히려 우리가 지금 이 순간을 소중하게 여기게 만드는 동기가 될 수 있다는 거군요."
아버지는 조용히 고개를 끄덕였다.
"그렇지. 죽음이 없다면 우리는 시간을 낭비하고, 삶의 소중함을 느끼지 못할 거야. 하지만 죽음이 있기에, 우리는 이 순간에 더 집중할 수 있는 거야. 죽음을 피하려고만 할 것이 아니라, 그 두려움을 받아들이고, 지금 이 순간을 살아가는 법을 배워야 해."
아들은 이제 아버지의 말이 조금씩 이해되기 시작했다. 죽음을 두려워하고 그것을 부정하는 대신, 그 두려움을 인정하고 받아들이는 것이야말로 진정한 삶을 사는 방법일지도 모른다는 생각이 들었다.
"아버지," 아들은 잠시 말을 멈추었다가 다시 입을 열었다. "그러면 우리가 해야 할 일은 결국, 죽음을 받아들이고 그 두려움을 인정하면서,

매 순간을 더 소중히 여기는 것이겠네요."
아버지는 미소를 지으며 아들의 손을 살짝 잡았다.
"그래, 그게 바로 우리가 할 수 있는 유일한 일이야. 죽음을 받아들이고, 그 안에서 우리가 어떻게 살아갈지를 고민하는 것. 그 두려움이야말로 우리가 지금 여기에 집중할 수 있도록 만드는 원동력이니까."

2.3 고통의 뿌리: 생로병사生老病死

아버지는 잠시 창밖을 바라보았다. 흐르는 바람이 나뭇잎을 흔들고 있었다. 오랜 세월, 나무는 자라고 늙고, 언젠가 쓰러질 것이다. 인간도 마찬가지였다.

"불교에서 말하는 생로병사生老病死는 인간이 겪는 모든 고통의 근원이라고 하지. 태어남, 늙음, 병듦, 그리고 죽음. 이 모든 과정에서 우리는 피할 수 없는 고통을 겪게 돼. 그리고 그 고통의 뿌리는 결국, 죽음에 있다는 거야."

아들은 아버지의 말을 들으며 가만히 손을 깍지 꼈다.

"그럼 인간은 태어날 때부터 고통에서 벗어날 수 없는 운명을 지닌 건가요?"

아버지는 고개를 천천히 끄덕였다. 그의 얼굴에는 세월의 흔적과 함께 평온함이 묻어났다.

"맞아. 생명이 있다는 것은 곧 고통을 겪는다는 것을 의미하지. 우리가 태어난 이상, 늙고 병들고 결국 죽는 것은 피할 수 없어. 하지만 단순히 육체적인 변화뿐만이 아니야. 우리는 살아가면서 수많은 작은 죽음을 경험해. 사랑하는 사람을 잃고, 실패하고, 기대했던 일이 무너지고… 결국에는 우리 자신도 이 세상을 떠나야 하지."

아들은 그 말을 듣고 잠시 침묵에 빠졌다. 아버지가 설명하는 생로병사의 순환이 너무나 자연스럽고도 무자비하게 느껴졌다. 마치 자신의 앞에 놓인 미래의 그림자를 처음으로 본 것처럼 깊은 슬픔이 밀려왔다.
"그런데도 우리는 그 고통을 계속해서 겪어야만 하는 걸까요?"
아들은 차분하지만 슬픔이 어린 목소리로 물었다.
아버지는 미소를 지으며 천천히 차를 한 모금 마셨다. 그의 눈에는 오랜 삶을 통해 고통을 이해하고 받아들인 사람만이 가질 수 있는 평온함이 담겨 있었다.
"그 고통을 피할 수는 없어. 하지만 우리가 그 고통을 어떻게 받아들이느냐에 따라 우리의 삶은 완전히 달라질 수 있지. 생로병사는 피할 수 없는 자연의 순환이지만, 그것을 받아들이고 이해하면, 그 고통 속에서도 평온을 찾을 수 있어."
아들은 아버지의 말이 단순히 철학적인 이야기가 아니라, 오랜 고뇌와 경험에서 우러나온 깊은 통찰처럼 느껴졌다. 그는 고개를 끄덕이며 그 의미를 곱씹었다.

고통의 두 얼굴: 짐인가, 깨달음인가

"하지만 아버지, 결국 생로병사의 고통은 피할 수 없다는 말씀이시잖아요. 그렇다면 우리는 그저 고통을 감내하며 살아가야 하는 건가요?"
아버지는 조용히 고개를 끄덕이며 대답했다.
"고통을 단순히 감내해야 한다고 생각하면 삶이 너무 무겁겠지. 하지만 시선을 조금 다르게 가져보면 어때? 우리가 겪는 고통이 반드시 나쁜 것만은 아닐 수도 있어."
"고통이 나쁘지 않다고요?"
"그래. 예를 들어보자. 너는 태어나서 지금까지 많은 실패를 겪었을 거야. 시험에서 떨어진 적도 있을 거고, 원하던 일을 이루지 못한 경험도 있을 거야. 그런 순간들이 너에게 어떤 의미였을까?"
아들은 과거를 떠올렸다. 중학교 때 학업에서 크게 좌절했던 기억이 떠올랐다. 기대했던 만큼의 성적이 나오지 않았을 때, 그는 절망감을 느꼈다. 하지만 시간이 지나고 보니, 그때의 실패가 오히려 자신을 더 강하게 만들었다는 사실을 깨닫게 되었다.
"그때는 너무 힘들었지만, 지금 생각해 보면… 그 경험이 없었다면 저는 지금과 같은 사람이 되지 못했을 것 같아요."
"그렇지. 우리의 삶 속에서 고통은 단순한 짐이 아니야. 오히려 성장과 깨달음을 주는 과정일 수도 있어. 생로병사도 마찬가지야. 우리는 늙어가면서 젊었을 때 미처 몰랐던 것들을 깨닫게 되지. 병을 앓으며 건강의 소중함을 배우고, 가까운 사람을 떠나보내며 사랑의 깊이를 알게 돼."
아들은 고개를 끄덕였지만, 여전히 마음 한구석에 무거운 감정이 남아 있었다.
"하지만 아버지, 결국 그 모든 깨달음도 우리가 죽으면 사라지는 거 아닌가요? 우리가 깨닫고 성장해도 결국 죽음 앞에서는 무의미해지는 거 아닌가요?"
아버지는 조용히 아들의 손을 잡았다.
"네가 살아가면서 한 사람이라도 진심으로 사랑하고, 한순간이라도 온전히 삶을 느낀다면, 그것이 무의미할까? 네가 겪은 경험이 다른 누군가에게 영향을 주고, 또 다른 삶을 변화시킨다면, 그건 분명 의미가 있는 것이지. 생로병사는 끝이 아니라, 또 다른 시작이야."

생로병사의 순환 속에서 삶의 의미 찾기

"그렇다면, 아버지. 우리가 이 순환을 받아들이고 살아간다면, 결국 삶의 의미는 어디에서 찾을 수 있을까요?"
아버지는 한동안 침묵했다. 깊은 생각에 빠진 듯했다. 그리고 마침내 천천히 입을 열었다.
"삶의 의미는 정해진 것이 아니야. 누군가는 사랑 속에서, 누군가는 지식 속에서, 또 누군가는 자연과 조화를 이루는 것에서 의미를 찾지. 중요한 건, 네가 삶의 어떤 순간에서도 의미를 만들어 갈 수 있다는 거야. 고통도, 기쁨도, 우리가 어떻게 받아들이느냐에 따라 달라지지."
아들은 아버지의 말을 듣고 다시금 생각에 잠겼다.
"그래서 결국, 아버지. 우리가 살아가면서 해야 할 일은 이 순환을 받아들이고, 그 속에서 삶의 소중함을 깨닫는 것이겠네요."
아버지는 미소를 지으며 말했다.
"맞아. 우리는 모두 그 순환의 일부야. 태어나는 순간부터 이미 고통의 여정은 시작된 거지. 하지만 그 고통이 우리를 무너뜨리는 것이 아니라, 오히려 삶을 더욱 소중하게 만들어 주는 거야. 늙어가는 것은 슬픈 일이 아니야. 그것은 우리가 살아왔다는 증거이기도 하니까. 병드는 것도 비극이 아니야. 우리는 아픔을 통해 인간이 얼마나 연약한 존재인지, 그리고 서로에게 얼마나 소중한 존재인지 깨닫게 되니까. 그리고 죽음은 삶의 끝이 아니라, 자연스러운 과정일 뿐이지."
아들은 자신이 어디쯤 서 있는지 다시 한번 생각해 보았다. 아직 젊었지만, 그 역시 생로병사의 순환 속에서 늙어가고, 언젠가 병들고, 마침내 죽음을 맞이할 것이다. 하지만 그 고통 속에서 삶의 본질을 찾아야 한다는 아버지의 말은 그에게 새로운 깨달음을 주었다.

아버지는 마지막으로 덧붙였다.

"고통은 피할 수 없는 것이지만, 그 속에서 우리가 무엇을 배울지는 우리에게 달려 있어. 생로병사를 이해하고 받아들일 때, 우리는 비로소 삶을 온전히 살 수 있게 되는 거야."

아들은 천천히 고개를 끄덕였다. 고통은 무겁고 피할 수 없는 것이지만, 그 속에서 삶을 더 깊이 이해하고 살아갈 수 있다는 사실이 그에게 위로가 되었다.

3. 불교에서 찾은 지혜

아버지는 오래된 서가에서 한 권의 책을 꺼내 손으로 가볍게 쓸었다. 표지에는 희미하게 '법구경'이라는 글자가 적혀 있었다. 책장을 넘기며 그는 말했다.

"이 책에는 부처님의 가르침이 담겨 있지. 수천 년이 흘렀지만, 인간의 삶과 죽음에 대한 고민은 변하지 않았어. 불교는 인간이 가진 가장 깊은 본질적인 질문에 대한 답을 찾으려는 노력이지."

아들은 조용히 아버지의 손끝을 바라보았다. 불교에서 찾은 지혜가 정말로 죽음에 대한 두려움을 없애 줄 수 있을까? 그는 궁금하면서도 반신반의했다.

3.1 연기법과 무상無常

아들은 여전히 불교의 가르침을 완전히 이해하지 못한 듯했다. 그동안 아버지에게서 불교에 대한 이야기를 자주 들었지만, 특히 연기법과 무상이라는 개념은 여전히 어렵게 느껴졌다. 그는 조심스레 물었다.
"아버지, 연기법과 무상이라는 개념이 불교의 중요한 원리라고 하셨는데, 그 의미를 정확히 이해하기가 어려워요. 결국엔 모든 것이 다 변한다는 뜻인가요?"
아버지는 차를 한 모금 마신 후 부드러운 목소리로 설명하기 시작했다.
"불교의 핵심 개념 중 하나가 바로 연기법緣起法이야. 이 세상에 존재하는 모든 것은 서로 의존하며 연결되어 있지. 우리가 보기에 어떤 것들은 독립적으로 존재하는 것처럼 보일 수도 있지만, 사실상 모든 것은 수많은 인연과 조건들에 의해 발생하고, 서로 영향을 주고받으며 존재하는 거야."
아들은 고개를 끄덕였다. 하지만 여전히 그 개념이 너무 광범위하게 느껴졌다.
"그러니까 모든 것이 서로 연결되어 있다는 거군요. 그렇다면 우리가 겪는 일들도 모두 어떤 인연에 의한 결과인 건가요?"
아버지는 미소를 지으며 예를 들어 주었다.
"예를 들어, 너는 지금 이 차 한 잔을 마시고 있지. 그런데 이 차 한 잔이 네 앞에 놓이기까지 수많은 조건들이 필요했어. 차나무가 자라기 위해서는 햇빛과 비가 필요했고, 차 농부가 이를 정성스럽게 길렀어. 그다음 누군가가 차를 따서 가공하고, 상인들이 유통시켰으며, 우리가 이 차를 사서 여기까지 오게 된 거야. 이 모든 과정이 없었다면 너는 지금 이 차를 마실 수 없었겠지."

아들은 찻잔을 내려다보며 깊이 생각했다. 단순히 차를 마시는 행위조차도 수많은 조건이 겹쳐서 이루어진 것이었다.

"그렇다면 우리가 하는 모든 행동도 다 연기법의 결과인가요?"

"그렇지. 우리는 종종 세상에서 일어나는 사건들을 독립적인 것처럼 받아들이곤 해. 하지만 그 사건들이 일어나기까지는 수많은 원인과 조건들이 모여야만 해. 예를 들어, 네가 이 세상에 태어난 것도 단순한 우연이 아니라 부모님의 만남과 그 이전의 수많은 조상들의 선택과 삶이 쌓인 결과야. 이처럼 모든 것이 서로 영향을 주고받으며 존재하는 거야."

아들은 조금씩 연기법에 대한 이해가 깊어지는 것을 느꼈다. 그리고 이어서 무상의 개념이 떠올랐다.

"그렇다면 무상은 뭔가요?"

아버지는 잠시 창밖을 바라보았다. 해가 지고 붉은 노을이 창문을 붉게 물들이고 있었다.

"무상無常이란 말 그대로 '영원한 것이 없다'는 뜻이야. 우리가 경험하는 모든 것, 즉 삶, 감정, 생각, 심지어 이 순간조차도 계속해서 변하고 있다는 사실을 의미하지. 지금 저 노을도 곧 사라지고, 밤이 찾아오겠지. 그 변화를 막을 수 있을까?"

"아니요, 그건 불가능하죠."

"맞아. 변화는 자연스러운 과정이고, 죽음은 그 무상의 가장 극명한 예 중 하나지. 모든 것이 변하기 때문에 우리는 그것을 붙잡아 두려 하지만, 결국 놓아줄 수밖에 없어."

아들은 고개를 끄덕이며 조용히 물었다.

"그래서 사람들은 죽음을 두려워하는 거군요. 변하지 않기를, 영원하기를 바라는 마음에서."

아버지는 깊은 눈빛으로 아들을 바라보며 말했다.

"우리가 죽음을 두려워하는 이유는 영원한 것에 대한 욕망 때문이야. 인간은 끝을 원치 않고, 모든 것이 그대로 유지되길 바라는 본능적인 욕망을 가지고 있지. 하지만 이 세상에서 영원한 것은 없어. 모든 것은 사라지고, 변하고, 다시 생성되지. 그 욕망 자체가 무상하다는 것을 깨닫는 것이 중요해. 그때 비로소 우리는 괴로움에서 벗어날 수 있는 가능성을 찾게 되지."

아들은 아버지의 말을 곱씹었다. 영원을 바라는 인간의 마음이야말로 오히려 고통의 근원이 될 수 있다는 생각이 들었다. 변화는 피할 수 없는 것이었지만, 그것을 두려워하기 때문에 우리는 지금 이 순간을 온전히 받아들이지 못하고 있었던 것이 아닐까?

무상을 받아들이는 삶

아버지는 이어서 설명했다.

"불교에서는 무상을 올바르게 이해하면 삶이 훨씬 자유로워진다고 가르쳐. 예를 들어, 어떤 사람이 사랑하는 사람과 이별했을 때, 그는 깊은 슬픔에 빠질 거야. 왜냐하면 그 관계가 영원하기를 바랐기 때문이지. 하지만 애초에 모든 것은 변할 수밖에 없다는 걸 받아들인다면, 이별도 자연스러운 과정임을 이해할 수 있어."

"그러면 슬픔이 사라지나요?"

"아니, 슬픔이 사라지는 건 아니야. 하지만 그 슬픔을 붙잡고 괴로워하는 대신, 그것이 자연스러운 흐름임을 인정할 수 있는 거지. 결국, 삶은 강물과 같아. 우리는 강물을 거슬러 올라가려 하기 때문에 힘든 거야. 하지만 흐름에 몸을 맡기면 그만큼 마음이 가벼워지지."

아들은 깊은 깨달음을 얻은 듯 고개를 끄덕였다.

"그렇다면, 결국 우리가 해야 할 일은 변화를 두려워하지 않고, 그 변화를 있는 그대로 받아들이는 것이겠네요."

아버지는 따뜻한 미소를 지으며 말했다.

"그래. 그게 바로 우리가 찾아야 할 지혜야. 변화를 받아들이는 것, 무상을 이해하는 것, 그리고 그 속에서 우리가 어떻게 살아갈지를 스스로 깨닫는 것. 그게 바로 불교에서 말하는 지혜의 첫걸음이지."

아들은 창밖을 바라보았다. 노을이 점점 사라지고, 하늘에는 별이 하나둘 떠오르고 있었다. 변하는 것은 피할 수 없었다. 하지만 그 변화 속에서 우리는 새로운 것을 찾을 수도 있었다.

"아버지, 이제 조금은 알 것 같아요."

"그래, 천천히 깨달아 가면 돼. 그게 우리가 살아가는 방식이니까."

3.2 피안彼岸과 니르바나Nirvana

아들은 여전히 불교에서 말하는 고통에서 벗어나는 방법에 대해 궁금한 점이 많았다. 연기법과 무상에 대한 아버지의 설명을 들으며, 그는 한 가지 중요한 질문을 떠올렸다.
"그러면, 우리가 겪는 이런 고통에서 완전히 벗어나려면 피안이나 니르바나 같은 경지에 이르는 것이 필요한 건가요?"
그는 불교에서 말하는 '해탈'이 단순한 철학적 개념이 아니라, 실제로 고통을 극복하는 구체적인 방법일지도 모른다고 생각했다. 하지만 그것이 과연 현실에서 가능한 일인지 확신할 수 없었다.
아버지는 아들의 질문을 듣고 잠시 창밖을 바라보았다. 석양이 하늘을 붉게 물들이고 있었다. 그는 잠시 깊은 생각에 잠긴 후 부드러운 목소리로 대답했다.
"맞아. 불교에서 말하는 '피안彼岸'이란 우리가 현재 살고 있는 이쪽 세계의 생로병사의 고통 속에서 벗어난 저쪽 세계를 의미하지. 피안은 번뇌와 집착에서 자유로워진 해탈의 상태를 뜻하는데, 이를 단순히 죽은 후에 가는 어떤 장소로 생각하면 안 돼. 그것은 결국 마음의 상태를 의미하는 거야."
아들은 고개를 끄덕였다. 하지만 여전히 그것이 단순한 개념적 설명처럼 들렸다.
"그럼 피안의 세계는, 불교에서 말하는 니르바나— 즉 고통과 번뇌에서 벗어난 평온한 상태와도 연결되는 건가요?"
아버지는 미소를 지으며 다시 설명을 이어갔다.
"그렇지. 니르바나는 더 이상 고통과 번뇌가 없는 상태야. 하지만 니르바나를 마치 천국처럼 저 멀리 있는 곳으로 생각하면 안 돼. 그것은 단순히 죽음 이후에 도달하는 어떤 상태가 아니야. 오히려 지금, 이 순간에도 경험할 수 있는 마음의 상태를 의미해."
아들은 조금 놀란 듯했다.
"지금 여기서도 니르바나를 경험할 수 있다고요?"
"그렇단다. 불교에서는 니르바나를 '완전한 소멸'이라고 설명하지. 하지만 그 소멸이란, 우리의 존재가 사라진다는 뜻이 아니라, 고통과 욕망, 집착에서 벗어난 상태를 말하는 거야. 니르바나는 죽음 이후의 평화만을 뜻하는 것이 아니야. 우리가 욕망과 집착을 내려놓으면 지금 이 순간에도 그 상태를 경험할 수 있어. 그것이 바로 고통에서 벗어난, 두려움이 없는 경지야."
아들은 잠시 침묵했다. 그는 니르바나를 죽음 이후에만 도달할 수 있는 것으로 생각했었기에, 아버지의 말이 신선하게 다가왔다. 그는 그동안 자신이 얼마나 많은 집착과 욕망에 매달리며 살아왔는지 깨닫기 시작했다. 만약 그런 것들에서 벗어난다면, 지금도 그 고통에서 자유로워질 수 있을까?

욕망과 집착을 내려놓는 법

"그러면," 아들은 다시 질문했다, "우리가 죽은 후에 피안이나 니르바나로 가게 되는 건가요?"
아버지는 잠시 눈을 감고 깊은숨을 내쉬었다.

"불교에서는 죽음 이후의 세계에 대해 명확하게 말하지 않아. 중요한 것은 죽음 이후가 아니라, 바로 지금 이 순간이야. 지금 우리가 집착을 내려놓고 평화를 찾는 것이 중요해. 죽음이란 결국 무상한 것이고, 우리가 만들어낸 두려움의 산물일 뿐이야."

아들은 여전히 죽음에 대한 두려움이 마음 한구석에 남아 있었지만, 아버지의 말이 점점 더 이해되기 시작했다. 죽음도 결국 무상한 것의 일부라면, 그것을 두려워할 이유가 없는 것 아닐까?

아버지는 조용히 말을 이었다.

"니르바나는 죽음 이후에 도달하는 어떤 곳이 아니야. 니르바나는 여기, 지금, 우리가 마음속에서 만들어낼 수 있는 상태야. 우리가 욕망과 집착, 두려움에서 벗어나면, 그때 비로소 우리는 니르바나에 가까워지게 돼. 불교에서 중요한 것은 바로 지금을 사는 것이지. 미래를 두려워하지 말고, 현재에서 자유로워지는 것. 니르바나는 바로 그런 의미에서 찾을 수 있어."

아들은 그 말을 곱씹었다. 니르바나가 단순히 죽음 이후의 세계가 아니라, 지금 이 순간에도 경험할 수 있는 평화로운 마음의 상태라는 사실이 새롭게 다가왔다. 그는 한 가지 궁금한 점이 생겼다.

"그런데, 아버지. 정말로 사람들이 욕망과 집착을 내려놓을 수 있을까요? 인간은 본능적으로 원하는 게 많잖아요. 돈, 명예, 사랑, 성공… 그런 것들을 내려놓고 살 수 있을까요?"

아버지는 미소를 지으며 한 가지 예를 들었다.

"사람들이 오랫동안 간절히 원하던 것을 손에 넣었을 때를 떠올려 보렴. 그걸 얻고 나면 정말로 완벽한 행복이 찾아왔을까?"

아들은 잠시 생각했다. 많은 사람들이 부를 원하고, 성공을 갈망하며, 사랑을 갈구한다. 하지만 원하는 것을 손에 넣은 후에도 만족하는 경우는 드물었다.

"그렇지 않네요. 오히려 더 큰 욕망이 생기거나, 유지하려는 집착이 더 커지는 경우가 많아요."

"맞아. 인간의 욕망은 끝이 없어. 그럼 어떻게 해야 할까? 욕망을 완전히 없애야 할까?"

아들은 곰곰이 생각하다가 답을 찾기 어려웠다. 아버지는 조용히 미소를 지으며 말을 이었다.

"욕망을 억누를 필요는 없어. 중요한 건 욕망을 내려놓을 수 있는 마음가짐을 가지는 거야. 예를 들어, 누군가가 널 화나게 했을 때, 그 감정을 억누르려고 하면 오히려 더 강하게 터져 나오지 않았었니? 하지만 그 감정을 있는 그대로 바라보고 흘려보내면, 시간이 지나면서 자연스럽게 사라지지."

아들은 천천히 고개를 끄덕였다.

"그렇다면 결국, 우리가 피안이나 니르바나에 도달하기 위해서 해야 할 일은 죽음을 두려워하지 않고, 지금 이 순간에 충실하며 욕망과 집착을 내려놓는 것이겠군요."

아버지는 따뜻한 미소를 지으며 고개를 끄덕였다.

"그렇지. 죽음을 두려워할 필요는 없어. 우리가 두려워하는 것은 실제로 죽음이 아니라, 죽음에 대한 생각일 뿐이야. 그 생각이 우리를 고통스럽게 하고 괴롭게 만들지. 하지만 우리가 그 생각을 내려놓고, 지금 이 순간에 충실하게 살아간다면, 니르바나는 결코 먼 곳에 있지 않아."

아들은 아버지의 말을 들으며 다시 한번 깊이 생각에 잠겼다. 죽음이 두려운 것이 아니라, 그에 대한 집착과 상념이 고통의 근원이라는 사실이 서서히 이해되었다. 죽음이라는 개념에서 벗어나, 지금 이 순간의 삶에 더 집중할 수 있다면, 그는 그토록 원하던 평화를 얻을 수 있을지도 모른다는 생각이 들었다.

아버지는 마지막으로 덧붙였다.

"니르바나는 먼 미래에 있는 것이 아니야. 우리가 집착을 내려놓고, 지금 이 순간을 살아가는 법을 배운다면, 그 순간이 곧 니르바나야. 죽음조차도 두려워할 이유가 없어지게 되지."

3.3 삼법인三法印의 깨달음

아들은 불교에서 말하는 '깨달음'이 정확히 무엇을 의미하는지 궁금했다. 아버지의 설명을 들으며 불교의 여러 가르침에 대해 조금씩 이해가 깊어지고 있었지만, 깨달음이라는 궁극적인 경지에 대해선 여전히 막연한 느낌이 있었다.

"아버지, 불교에서 말하는 깨달음이란 정확히 무엇인가요? 그리고 삼법인이라는 말을 들었는데, 그것이 깨달음과 관련이 있나요?"

아버지는 잠시 눈을 감고 깊은 생각에 잠겼다. 차분한 미소를 지으며 그는 천천히 입을 열었다.

"좋은 질문이야. 불교에서 깨달음은 단순히 지식을 많이 쌓거나 명상을 오래 한다고 얻을 수 있는 것이 아니야. 깨달음이란, 우리가 삶을 바라보는 근본적인 태도를 바꾸는 것이지. 그리고 그 깨달음의 핵심 원리가 바로 삼법인三法印이야."

"삼법인이라면 세 가지 법칙을 의미하는 건가요?"

"맞아. 삼법인은 불교에서 모든 존재와 현상의 본질을 설명하는 세 가지 진리를 말해. 불교의 핵심적인 깨달음은 바로 이 삼법인을 이해하는 데서 시작되지."

아들은 아버지의 설명을 듣고 더욱 궁금해졌다. 불교의 여러 개념이 추상적으로 들릴 때가 많았지만, 삼법인이 깨달음을 설명하는 핵심적인 원리라면 더 깊이 이해하고 싶었다.

1) 제행무상諸行無常 – 모든 것은 변한다

아버지는 찻잔을 손에 들며 첫 번째 법인을 설명하기 시작했다.
"첫 번째 진리는 '제행무상諸行無常'이야. 쉽게 말하면, 이 세상에서 변하지 않는 것은 아무것도 없다는 뜻이지."
아들은 고개를 끄덕였다.
"그건 무상을 설명할 때도 나왔던 개념이죠. 모든 것이 끊임없이 변한다는 것."
"그렇지," 아버지는 찻잔을 내려놓으며 말했다. "우리는 세상이 영원히 그대로일 것처럼 느끼고, 무언가를 붙잡으려 해. 하지만 모든 것은 변하기 마련이야. 우리가 사랑하는 사람도, 우리의 건강도, 재산도, 명예도 영원할 수 없어. 심지어 우리가 가지고 있는 생각과 감정조차도 하루에도 몇 번씩 변하지 않니?"
아들은 자신이 과거에 가졌던 꿈과 가치관이 시간이 지나면서 변했던 것을 떠올렸다.
"맞아요. 어릴 때는 축구 선수가 되고 싶었는데, 지금은 전혀 다른 길을 가고 있어요."
아버지는 미소를 지으며 말했다.
"그렇지. 모든 것이 변하는데, 우리는 그것이 변하지 않기를 바라고 집착하지. 그 집착이 바로 고통을 만들어내는 거야. 어떤 관계가 영원하길 바라고, 사랑하는 사람이 떠나지 않기를 바라지만, 결국 우리는 모두 변할 수밖에 없어."
"그럼, 변화를 받아들이는 것이 중요하겠네요?"
"바로 그거야. 무상을 인정하면, 우리는 그 괴로움에서 조금씩 벗어날 수 있어. 변화를 두려워하지 않고 받아들일 수 있다면, 삶의 많은 고통에서 자유로워질 수 있지."

2) 제법무아諸法無我 – 모든 것에는 고정된 자아가 없다

아버지는 이어서 두 번째 법인을 설명했다.
"두 번째는 '제법무아諸法無我'야. 모든 존재에는 고정된 자아가 없다는 뜻이지. 우리는 흔히 '나'라는 고정된 자아가 있다고 믿어. 하지만 사실 너도, 나도, 이 세상에 존재하는 모든 것도 끊임없이 변화하고 있어. 고정된 '나'라는 것은 존재하지 않는다는 걸 깨닫는 것이 중요한 거야."
아들은 잠시 생각에 잠겼다.
"그러면 우리가 믿는 '나'라는 개념도 사실은 끊임없이 변하는 것이라는 건가요?"
아버지는 고개를 끄덕였다.
"그래. 네가 10년 전의 너와 지금의 네가 완전히 같은 존재라고 생각하니?"
아들은 잠시 말을 멈추고 생각했다.
"아니요. 분명 같은 사람인데, 생각도 변했고 성격도 조금씩 바뀌었어요. 지금과는 다른 감정을 가지고 있었던 때도 많고요."
"맞아. 네가 가진 기억, 네 몸의 세포, 네가 가진 가치관조차도 계속 변하지. 그렇다면 '나'라는 것은 무엇일까? 우리가 고정된 자아가 있다고 믿는 순간, 우리는 그것을 지키려 하고, 변화하는 것에 저항하면서 고통을 느끼게 되는 거야."
아들은 순간 깨달음을 얻은 듯한 표정을 지었다.
"그렇다면, 자아에 대한 집착이 오히려 우리를 괴롭게 만드는 걸까요?"

"정확히 말했어. 우리는 자아를 지키기 위해 끊임없이 노력하고, 다른 사람과 비교하고, 인정받으려 하지. 하지만 고정된 자아는 존재하지 않아. 그것이 환상이라는 걸 깨닫는다면, 우리는 조금 더 자유로워질 수 있어."

3) 일체개고一切皆苦 – 모든 것은 고통을 수반한다

아버지는 마지막 진리를 설명하기 위해 차를 한 모금 마시며 말을 이어갔다.
"마지막 진리는 '일체개고一切皆苦'야. 이 세상에서 우리가 겪는 모든 것, 경험하는 모든 것에는 고통이 내재되어 있어."
아들은 그 말을 듣고 잠시 숙연해졌다.
"모든 것이 고통을 수반한다고요?"
"그래. 우리가 원하는 것이 이루어지지 않을 때 우리는 괴로워하고, 원하는 것을 이루어도 그것을 잃을까 봐 두려워하지. 결국, 우리가 집착하는 모든 것은 고통을 낳아. 우리가 살아가는 한, 크고 작은 괴로움은 계속될 수밖에 없어."
"하지만 고통을 없앨 방법은 없나요?"
"고통을 완전히 없앨 수는 없지만, 그것을 받아들이고 집착을 내려놓으면 훨씬 자유로워질 수 있지. 우리가 원하는 것이 이루어지지 않아도 괴로워하지 않고, 변화를 자연스럽게 받아들이면 더 이상 불필요한 고통을 겪지 않게 돼."
아들은 깨달음의 순간을 맞이한 듯 깊은 생각에 잠겼다.
"그럼 결국, 죽음조차도 피할 수 없는 무상의 일부라는 걸 받아들이는 것이 해탈의 시작이라는 거군요."

아버지는 미소를 지으며 말했다.

"맞아. 죽음도 무상한 것이고, 그것에 집착하는 것도 괴로움의 한 부분이지. 우리가 죽음에 대한 두려움을 내려놓고, 삼법인의 진리를 깨달으면 그 고통에서 벗어날 수 있어. 이것이 바로 해탈의 첫걸음이야."

아들은 이제 삼법인의 의미를 깊이 이해하게 되었다. 고통과 집착, 그리고 자아에 대한 집착에서 벗어나야만 진정한 자유를 얻을 수 있다는 사실이 그의 마음에 명확하게 자리 잡았다. 그동안 죽음과 상실을 두려워하며 살아온 자신의 모습을 돌아보며, 아들은 조금씩 그 두려움을 내려놓기 시작했다.

아버지는 조용히 아들을 바라보며 마지막으로 덧붙였다.

"삼법인은 단순한 개념이 아니라, 우리가 삶을 살아가는 방식이야. 이 진리를 깨닫고 받아들일 수 있다면, 너는 더 이상 불필요한 괴로움에 휘둘리지 않게 될 거야."

아들은 천천히 고개를 끄덕였다. 그리고 깊은숨을 내쉬었다. 왠지 모르게 마음이 한결 가벼워진 것 같았다.

아버지와 아들은 이제 기독교에 대해 이야기를 나누기 시작했다. 불교적 가르침에서 삶의 본질을 탐구했던 것처럼, 기독교에서도 우리가 어떻게 살아가야 할지에 대한 중요한 메시지를 발견할 수 있다.

아들은 기독교 신앙에서, 특히 성경 구절에서 지금 이 순간을 살아가는 지혜를 찾고자 했다. 불교에서 무상을 강조하며 순간순간을 받아들이라고 가르친 것처럼, 기독교 역시 오늘을 살아가는 것의 중요성을 강조하고 있었다.

"아버지, 기독교에서는 우리가 어떻게 하루하루를 살아가야 한다고 가르치나요?"

4. 기독교에서 찾은 지혜

아버지는 조용히 미소를 지으며 성경을 펼쳤다.

"기독교는 단순히 죽음 이후의 세계만을 바라보게 하는 것이 아니야. 오히려 신앙이란, 지금 이 순간을 어떻게 살아가느냐가 중요하지. 성경에는 지금을 살아가라는 가르침이 많이 나와 있어. 특히 예수님은 사람들에게 내일을 걱정하지 말고, 하나님을 신뢰하며 오늘을 충실하게 살아가라고 말씀하셨지."

아들은 궁금증이 더 커졌다. 그는 기독교 신앙이 단순히 미래의 천국을 바라보는 것이 아니라, 현재의 삶을 의미 있게 만드는 것이라면, 그 원리가 무엇인지 알고 싶어졌다.

4.1 오늘을 살아라

아들은 성경을 펼쳐 들며 아버지에게 물었다.
"아버지, 기독교에서는 우리에게 내일을 염려하지 말고, 오늘을 살아가라고 가르치는 구절이 있다고 들었어요. 왜 내일을 걱정하지 말아야 할까요?"
아버지는 미소를 지으며 고개를 끄덕였다.
"그래, 마태복음 6장 34절에 이런 말씀이 있지. '그러므로 내일 일을 위하여 염려하지 말라. 내일 일은 내일 염려할 것이요, 한날의 괴로움은 그날에 족하니라.' 이 구절은 우리에게 지금 이 순간에 집중하라는 예수님의 가르침이야."
아들은 잠시 성경을 바라보다가 아버지에게 다시 물었다.
"그렇다면 왜 우리는 그렇게 자주 내일을 염려하게 되는 걸까요? 그리고 기독교는 왜 지금 이 순간을 중요하게 생각하나요?"
아버지는 깊은 숨을 내쉬며 대답했다.
"우리는 본능적으로 미래에 대한 걱정을 하고 살아가지만, 하나님은 우리에게 하루하루를 주시며, 그 순간을 살아가길 원하셔. 예수님도 제자들에게 말씀하셨듯이, 우리가 미래에 너무 많은 걱정을 쏟으면 정작 중요한 오늘을 놓치게 되지. 기독교는 내일이 아닌 오늘, 이 순간에 하나님께 감사하며 살아가라고 가르쳐."
아들은 곰곰이 생각해 보았다. 사실 자신도 늘 미래를 걱정하느라 정작 지금 누릴 수 있는 것들을 놓치고 있었던 것은 아닐까? 시험 걱정, 취업 걱정, 건강 걱정… 걱정은 끊이질 않았다.

"그럼, 우리가 오늘을 살아가는 것이 신앙의 중요한 부분이라는 거군요."

"그렇지. 하나님께서 우리에게 주신 이 하루를 감사하며 살아가는 것, 그것이 바로 믿음의 삶이야. 내일의 불안에 얽매이지 않고, 오늘이라는 선물 속에서 하나님의 사랑을 경험하고 나누는 것, 그게 기독교적 삶의 중요한 가르침이지."

아버지는 덧붙였다.

"사실 많은 사람들이 걱정 때문에 현실을 제대로 살아가지 못해. 그런데 하나님은 우리가 염려하는 대신, 기도하며 하나님을 신뢰하길 원하셔. 빌립보서 4장 6절에서도 이렇게 말씀하시지. '아무것도 염려하지 말고 다만 모든 일에 기도와 간구로 너희 구할 것을 감사함으로 하나님께 아뢰라.' 이 말씀처럼 우리가 걱정을 기도로 바꾸면, 마음이 한결 가벼워지지."

아들은 고개를 끄덕이며 그 말을 되새겼다.

4.2 시간을 아끼라

아들은 다시 아버지에게 질문을 던졌다.
"아버지, 에베소서 5장 16절에서는 '세월을 아끼라'고 말하잖아요. 그건 우리에게 시간을 소중히 여기고, 현재를 성실하게 살아가라는 의미인가요?"
아버지는 미소를 지으며 아들의 질문에 응답했다.
"정확해. '세월을 아끼라'는 말씀은 우리가 시간을 헛되이 보내지 말고, 주어진 순간들을 지혜롭게 사용하라는 가르침이야. 기독교에서는 시간이 하나님이 주신 중요한 선물이라고 봐. 그 시간을 어떻게 보내느냐가 우리의 신앙과 삶을 결정하지."
아들은 잠시 생각에 잠겼다.
"그럼 이 구절은 우리가 오늘을 최대한 활용해야 한다는 의미로도 볼 수 있겠네요?"
"그렇단다. 바울 사도가 에베소 교인들에게 한 이 말씀은, 시간을 낭비하지 말고, 하나님께서 주신 시간을 선하게 사용하라는 뜻이지. 우리에게 주어진 시간은 한정되어 있어. 그렇기에 우리는 그 시간을 헛되이 보내지 않고, 하나님께서 기뻐하시는 일에 사용해야 해."
아버지는 한 가지 예를 들었다.
"많은 사람들이 시간을 흘려보내고 후회하지. 특히 젊을 때는 시간이 무한하다고 생각하지만, 나이가 들면 시간이 얼마나 소중한지 깨닫게 돼. 하나님은 우리가 주어진 시간을 가치 있게 사용하길 원하셔. 그것이 공부든, 일이든, 누군가를 돕는 것이든 말이야."
아들은 생각에 잠겼다.
"그럼 우리가 시간을 헛되이 보내지 않기 위해서는 어떻게 해야 할까요?"
"우리는 시간을 의미 있는 일에 투자해야 해. 하나님께서 기뻐하시는 일, 사랑을 나누고, 선한 일을 하고, 배움에 힘쓰는 것들 말이야. 그리고 무엇보다 시간을 하나님과 함께 보내는 것이 중요하지. 기도하고, 말씀을 묵상하는 시간을 가지면, 우리의 삶이 더욱 의미 있게 변해."
아들은 그 말에 깊이 공감했다.
"그렇다면, 우리가 현재를 살아가는 것이 기독교 신앙에서 매우 중요한 부분이겠네요."
아버지는 고개를 끄덕이며 답했다.
"맞아. 기독교는 단지 미래에 천국을 소망하는 것만이 아니라, 오늘 이 순간을 성실하게 살아가며, 하나님께서 우리에게 맡기신 사명을 다하는 것이야. 지금 우리가 어떻게 살아가는지가 하나님께 매우 중요해. 그리고 그 순간순간을 지혜롭게 사용하는 것이 결국 우리에게 주어진 시간을 온전히 사는 길이지."
아들은 아버지의 말을 깊이 새겼다.
"결국, 기독교도 불교처럼 지금 이 순간을 살아가는 것이 중요하다고 가르치는 거네요."
아버지는 미소를 지었다.
"그래, 그렇다고 볼 수 있어. 하지만 한 가지 차이가 있다면, 기독교에서는 우리가 그 순간을 스스로의 힘으로 사는 것이 아니라, 하나님을 신뢰하면서 사는 것이 중요하다는 점이지. 하나님께서 우리에게 필요한 것들을 공급해 주시니, 우리는 염려 없이 하루를 감사하며 살아가면 되는 거야."

아들은 천천히 고개를 끄덕였다. 그리고 마음속에서 묵직한 감동이 밀려왔다.

4.3 사랑으로 충만한 삶

아들은 아버지와의 대화를 이어가며, 예수님이 가르치신 사랑에 대해 더 깊이 알고 싶어졌다. 불교에서 연민과 자비를 강조하는 것처럼, 기독교에서도 사랑이 신앙의 핵심 가치임을 알고 있었지만, 그것이 구체적으로 어떤 의미인지, 어떻게 실천해야 하는지 궁금했다.

"아버지, 예수님은 '서로 사랑하라'고 하셨죠. 기독교에서 사랑이 가장 중요한 덕목이라는 걸 알고 있어요. 그런데 그 사랑은 언제 실천해야 하는 걸까요?"

아버지는 아들의 질문을 듣고 한동안 생각에 잠겼다. 그리고 이내 따뜻한 미소를 지으며 대답했다.

"예수님은 요한복음 13장 34절에서 이렇게 말씀하셨지. '새 계명을 너희에게 주노니 서로 사랑하라. 내가 너희를 사랑한 것같이 너희도 서로 사랑하라.' 이 말씀은 우리가 지금 이 순간, 서로 사랑하며 살아야 한다는 뜻이야."

아들은 잠시 생각에 잠겼다.

"그러니까 사랑은 우리가 미래에 미뤄두어야 할 것이 아니라, 오늘, 지금 이 순간 실천해야 하는 거군요?"

아버지는 고개를 끄덕이며 대답했다.

"맞아. 사랑은 미래에 대한 약속이 아니야. 많은 사람들이 '언젠가 사랑해야지'라고 생각하지만, 예수님이 가르쳐 주신 사랑은 바로 지금 실천해야 하는 거야. 사랑은 우리가 곁에 있는 사람들에게 보여주는 작은 친절에서 시작되지. 따뜻한 말 한마디, 상대방을 위해 기도하는 마음, 그리고 아낌없는 나눔이야말로 사랑을 실천하는 방법이지."
아들은 아버지의 말을 곱씹었다. 자신도 언젠가는 더 좋은 사람이 되어 사랑을 실천해야겠다고 생각했지만, 사실 사랑이란 미룰 것이 아니라 지금 바로 행동해야 하는 것이라는 점을 깨닫기 시작했다.

사랑은 행동으로 실천하는 것

"아버지, 그런데 사랑이 단순한 감정이 아니라 행동이라는 말이 인상적이네요. 사랑을 실천하는 것이 왜 그렇게 중요할까요?"
아버지는 깊이 생각하다가 조용히 입을 열었다.
"사랑이 단순한 감정이라면, 우리는 기분이 좋을 때만 사랑할 수 있겠지. 하지만 기독교에서 말하는 사랑은 감정보다 더 깊은 의미를 가지는 거야. 예수님께서는 사랑을 명령하셨지. 그것은 우리가 단순히 느끼는 것이 아니라, 의지를 가지고 실천해야 한다는 뜻이야."
아들은 고개를 끄덕이며 질문을 던졌다.
"그럼 예수님이 보여주신 사랑의 실천은 어떤 모습이었나요?"
아버지는 한순간 먼 곳을 바라보았다.
"예수님은 단순히 사람들에게 '사랑하라'고 말씀하신 것이 아니라, 직접 그 사랑을 실천하셨지. 병든 자를 고치고, 사회에서 소외된 자들에게 손을 내밀며, 심지어 자신을 미워하는 사람들에게까지 사랑을 베푸셨어. 그리고 가장 큰 사랑의 실천이 바로 십자가였지. 우리를 위해 자신의 생명을 내어주신 것이야."
아들은 예수님의 십자가 사건을 떠올렸다.
"자신을 미워하는 사람들까지 사랑하셨다는 게 참 어려운 일이겠네요."

"그렇지. 그런데 진정한 사랑은 바로 거기에서 시작돼. 기독교에서 말하는 사랑은 단순히 감정적인 애정이 아니라, 용서와 희생, 그리고 이해를 포함하는 거야."

아버지는 이어서 말했다.

"예수님께서는 마태복음 5장 44절에서 '너희 원수를 사랑하며 너희를 박해하는 자를 위하여 기도하라'고 하셨어. 우리가 사랑하기 쉬운 사람만 사랑하는 것은 누구나 할 수 있는 일이야. 하지만 우리가 미워하는 사람, 우리에게 상처를 준 사람까지 사랑할 수 있을 때, 그 사랑은 더욱 깊어지고 완전해지지."

아들은 그 말을 듣고 깊이 생각에 잠겼다. 자신도 누군가에게 상처받은 적이 있고, 용서하기 어려운 순간들이 있었다. 하지만 예수님의 가르침이 맞다면, 진정한 사랑은 그 벽을 넘어서는 것이었다.

"아버지, 그런데 그런 사랑을 실천하는 것이 너무 어렵지 않을까요?"

"물론 어렵지. 그래서 기독교에서 사랑은 '노력해야 하는 것'이라고 말하는 거야. 우리는 연습하고 실천하면서 점점 더 깊은 사랑을 배울 수 있어. 처음에는 어렵지만, 작은 것부터 시작할 수 있지."

아들은 아버지의 말에 고개를 끄덕였다. 작은 것부터 시작하는 것이 중요하다는 점을 깨달았다.

오늘 실천하는 사랑

"그럼, 우리가 오늘을 살아가는 방식은 결국 사랑을 실천하는 삶이군요."

아버지는 미소를 지었다.

"그래. 사랑은 지금 이 순간 실천될 때 가장 빛나는 법이야. 기독교적 신앙은 우리가 서로를 사랑하며 하나님께서 주신 오늘을 충실하게 살아가는 것이지. 그리고 그 사랑 속에서 우리는 진정한 평화를 찾게 돼."

아들은 아버지의 말을 듣고 다시 한번 생각에 잠겼다.
"그렇다면 우리는 구체적으로 어떻게 사랑을 실천해야 할까요?"
아버지는 조용히 생각하더니, 몇 가지 예를 들어 주었다.
"우선, 가족과 친구들에게 사랑을 표현하는 것부터 시작할 수 있어. 부모님께 감사의 말을 전하거나, 친구가 어려움을 겪을 때 진심 어린 관심을 가지는 것도 사랑의 한 형태야. 그리고 작은 선행이 쌓이면 그것이 결국 세상을 변화시키는 힘이 되지."
"그러면 낯선 사람들에게도 사랑을 실천해야 하나요?"
"물론이지. 사랑은 가족이나 친구에게만 한정되는 것이 아니야. 예수님께서 선한 사마리아인의 비유를 말씀하셨던 것처럼, 우리 곁에 있는 누구에게든 사랑을 실천해야 해. 어떤 사람이 도움이 필요할 때 손을 내밀거나, 타인의 아픔에 공감하고 함께해 주는 것도 사랑의 실천이야."
아들은 깊이 공감하며 말했다.
"그러면 우리가 실천하는 사랑이 결국 우리 자신에게도 영향을 미칠까요?"
"그렇지. 사랑은 나누면 나눌수록 커지는 법이야. 우리가 누군가를 사랑할 때, 그 사랑이 다시 우리에게 돌아오지. 그리고 진정한 사랑을 실천할 때, 우리는 하나님과 더욱 가까워지게 돼."
아들은 깊은 깨달음을 얻었다.
"결국, 사랑은 오늘, 지금 실천해야 하는 것이군요."
아버지는 따뜻한 미소를 지으며 고개를 끄덕였다.
"맞아. 사랑을 미루지 마라. 사랑은 약속이 아니라 행동이야. 지금, 여기에서 사랑을 실천할 때, 우리의 삶은 더욱 의미 있고 충만해질 거야."
아들은 조용히 창밖을 바라보았다. 오늘 하루, 자신이 실천할 수 있는 작은 사랑이 무엇인지 고민하기 시작했다.

아버지와 아들은 종교적 지혜를 논한 후, 동서양의 위대한 철학자들과 사상가들의 견해로 대화를 넓혀갔다. 불교의 연기법, 기독교의 사랑, 그리고 삶과 죽음에 대한 다양한 종교적 해석을 탐구한 후, 이제 그들은 철학의 영역으로 발을 들여놓았다.

"아버지, 종교에서 우리가 어떻게 살아야 하는지 가르쳐 주는 것처럼, 철학자들도 비슷한 질문을 던졌겠죠?"

아버지는 천천히 차를 한 모금 마시며 고개를 끄덕였다.

"그렇지. 철학자들은 종교와는 또 다른 방식으로 인간 존재를 탐구했어. 종교가 믿음을 중심으로 세상을 바라본다면, 철학은 이성과 논리를 중심으로 인간의 삶을 해석하려 했지. 하지만 그 두 가지가 완전히 다른 것은 아니야. 오히려 서로 연결되는 부분이 많지."

아들은 아버지의 말을 듣고 호기심을 느꼈다.

5. 명사들의 사상과 철학

"그럼 동양과 서양의 철학자들은 삶과 죽음을 어떻게 바라봤나요?"

아버지는 미소를 지으며 대답했다.

"동양 철학과 서양 철학은 같은 질문을 던지지만, 답하는 방식이 다를 때가 많아. 동양 철학은 조화와 자연스러움을 강조하는 반면, 서양 철학은 존재의 본질과 논리를 깊이 파고들지. 하지만 결국, 인간이 가진 근본적인 질문은 동일해. '나는 누구인가? 우리는 왜 존재하는가? 죽음이란 무엇인가? 어떻게 살아야 하는가?' 이런 질문들은 시대와 문화를 초월해서 인류가 끊임없이 고민해 온 것들이야."

아들은 아버지의 말을 곱씹으며 물었다.

"그렇다면, 동양과 서양의 철학자들이 삶과 존재에 대해 했던 주요한 주장들을 이야기해 주실 수 있나요?"

아버지는 고개를 끄덕이며 본격적으로 철학적 논의를 시작했다.

5.1 동양 철학에서의 삶의 본질

아들은 불교를 통해 많은 깨달음을 얻었지만, 그만큼 다른 철학에서도 삶에 대한 통찰이 있을 것이라고 생각했다. 아버지가 말했던 다양한 철학의 존재가 떠오르며, 동양 철학에서도 삶의 본질을 어떻게 바라보는지 궁금해졌다.

"불교를 통해 삶과 죽음에 대한 많은 깨달음을 얻었지만, 아버지께서 말씀하신 대로 철학은 다양하잖아요. 동양 철학에서는 삶의 본질을 어떻게 설명하나요?"

아버지는 아들의 질문에 미소를 지으며 대답했다.

"맞아. 동양 철학도 삶의 본질에 대해 여러 가지 관점을 제시하고 있지. 특히 동양 철학에서는 '조화'와 '자연스러움'을 매우 중요하게 여겨. 유교, 도교, 그리고 법가法家 같은 철학들은 삶을 바라보는 시각이 조금씩 다르지만, 모두 조화로운 삶과 자연스러운 흐름을 강조한다는 공통점이 있지."

아들은 호기심을 느끼며 물었다.

"유교는 어떤 관점을 가지고 있나요?"

유교: 도덕과 인간관계를 통한 조화

아버지는 잠시 생각을 정리한 후 설명을 이어갔다.

"유교는 인간 사회에서의 도덕과 질서를 중시해. '인의仁義'라는 덕목을 통해 인간다운 삶을 강조하지. 인의란 사람답게 사는 것, 곧 인간으로서 타인과의 관계 속에서 어떻게 살아가야 하는지를 묻는 거야. 유교에서는 인간이 타인과의 조화로운 관계 속에서 의미 있는 삶을 살아가는 것이 중요하지. 삶의 본질이 사회적인 맥락에서 형성된다는 거지."
아들은 유교의 관점이 사회적 관계와 덕목에 집중된다는 점이 흥미로웠다.
"그럼 유교에서는 어떻게 살아야 한다고 가르치나요?"
"유교의 핵심 가르침 중 하나가 '수신제가치국평천하修身齊家治國平天下'야. 즉, 먼저 자기 자신을 닦고修身, 가정을 다스린 후齊家, 국가를 잘 운영하며治國, 궁극적으로 세상을 평화롭게 만든다平天下는 뜻이지. 공자는 사람이 자기 자신의 도덕적 가치를 먼저 확립해야 좋은 사회를 만들 수 있다고 보았어."
아들은 공자의 가르침이 철저히 실천적인 철학이라는 것을 깨달았다.
"그러면 유교에서는 개인의 행복보다는 사회적 조화를 더 중요하게 생각하는 거네요?"
"맞아. 유교에서는 개인의 행복이 아니라, 사회적 역할과 책임이 중요한 가치야. 그래서 공자는 '군자는 홀로 있을 때도 신중해야 한다君子慎其獨'고 가르쳤어. 즉, 사람이 아무도 보지 않는 곳에서도 바르게 행동해야 한다는 거지."
아들은 유교가 공동체 중심적이라는 점에서 현대 사회와 어떻게 연결될 수 있을지 궁금해졌다.
"그런데 현대 사회에서는 개인의 자유를 중요하게 여기잖아요. 유교의 가르침이 지금 시대에도 의미가 있을까요?"
아버지는 고개를 끄덕였다.

"물론이지. 오늘날에도 유교의 가르침은 많은 가치를 지니고 있어. 우리는 여전히 가족, 친구, 직장 동료 등과의 관계 속에서 살아가야 하지. 인간관계에서 신뢰와 배려가 없다면 사회는 혼란스러워질 거야. 유교는 이러한 인간관계를 조화롭게 만들기 위해 '효孝, 부모에 대한 존경'와 '충忠, 국가와 사회에 대한 책임'을 강조했지. 이 가르침은 지금도 충분히 의미가 있어."

아들은 유교가 현대에도 적용될 수 있다는 점을 깨닫고 고개를 끄덕였다.

도교: 자연에 맡기는 삶

"그렇다면 도교는 어떻게 다르죠?"

아버지는 차분한 목소리로 도교의 관점을 설명했다.

"도교는 유교와는 달리 자연스러움, 즉 '무위無爲'를 강조해. 무위란 인간이 억지로 무언가를 성취하려 하지 않고, 자연의 흐름에 자신을 맡겨 조화를 이루며 살아가는 것을 말하지. 도교에서는 인위적으로 무언가를 바꾸려는 것보다, 자연스러운 상태를 유지하는 것이 삶의 본질이라고 봐."

아들은 더 궁금해졌다.

"무위가 삶의 본질이라는 건 무언가를 노력해서 성취하는 것과는 반대되는 개념이군요."

아버지는 고개를 끄덕이며 계속 설명했다.

"그렇지. 도교에서는 삶을 억지로 성취하려 하기보다는, 강물이 흐르듯 자연스럽게 흘러가게 두는 것을 이상적인 삶의 방식으로 여겨. 장자의 '소요유逍遙遊'라는 사상이 이러한 도가 철학을 잘 설명해. '소요유'란 자유롭게 떠다니는 것처럼, 우주의 흐름에 맞춰 자연스럽게 살아가는 상태를 말해. 삶은 우리 스스로의 본성과 우주의 본성 사이에서 조화를 이루는 것이지."
아들은 도교의 철학이 유교와는 상당히 다르다는 것을 느꼈다.
"그럼 동양 철학에서도 죽음을 자연스러운 것으로 받아들이나요?"
아버지는 미소를 지으며 고개를 끄덕였다.
"맞아. 동양 철학에서도 죽음은 삶의 반대가 아니라, 그 일부로 여겨져. 도교에서는 죽음을 자연의 한 과정으로 보고, 억지로 피하려 하지 않아. 도교에서는 무위의 삶 속에서 죽음을 받아들이는 것이 중요해. 삶과 죽음은 모두 자연의 순환 속에서 일어나는 일들이니까, 그 과정에 집착할 필요가 없다는 거야."
아들은 아버지의 말을 듣고 고개를 끄덕였다.
"결국, 동양 철학에서는 조화와 자연스러움을 통해 삶과 죽음을 모두 하나의 흐름으로 바라보는 거군요."
아버지는 고개를 끄덕이며 부드럽게 대답했다.
"그래. 동양 철학은 인간이 자연의 일부라는 인식을 바탕으로 삶과 죽음을 바라보지. 죽음을 두려워하는 대신, 그것을 자연의 순환 속에서 받아들이는 것이 삶의 본질이야. 우리 삶이 억지로 무언가를 성취하는 것이 아니라, 그저 자연스럽게 흘러가도록 두는 것. 그것이 도교가 추구하는 이상적인 삶이지."
아들은 이제 동양 철학의 관점에서 삶과 죽음에 대한 이해가 조금씩 명확해졌다. 불교에서 깨달은 무상함과 동양 철학에서 강조하는 자연스러움은 결국 같은 방향을 가리키고 있었다.
"결국, 삶은 자연의 일부이고, 우리는 흐름을 거스르지 않는 것이 가장 지혜로운 삶이겠네요."
아버지는 따뜻한 미소를 지으며 고개를 끄덕였다.

"그렇지. 우리가 자연의 원리를 이해하고 조화롭게 살아간다면, 삶은 한결 더 평온해질 거야."

아들은 깊이 고개를 끄덕였다. 이제 동양 철학이 단순한 지식이 아니라, 실제로 삶을 살아가는 중요한 가르침이라는 것을 깨닫기 시작했다.

5.2 서양 철학에서의 존재와 무無

불교와 동양 철학에 대한 이야기를 나눈 후, 아들은 서양 철학자들이 삶과 죽음, 존재와 무無에 대해 어떻게 생각했는지 궁금해졌다. 동양 철학이 조화와 자연스러움을 강조한다면, 서양 철학은 인간 존재 자체에 더 초점을 맞추는 경향이 있다고 생각했다. 아들은 서양 철학이 동양 철학과는 다른 시각을 가질 것이라고 생각하며 질문을 던졌다.

"서양 철학은 조금 다른 시각을 가지고 있을까요? 서양 철학자들은 죽음과 존재에 대해 어떻게 이야기하나요?"

아버지는 아들의 질문에 잠시 생각에 잠겼다. 철학의 거대한 흐름을 머릿속에서 정리한 후, 천천히 입을 열었다.

"서양 철학은 동양 철학과는 달리, 조금 더 개인의 존재 자체에 집중하는 경향이 있어. 동양 철학이 자연과 조화를 이루며 사는 것에 주목했다면, 서양 철학은 인간 존재의 본질과 우리가 왜 존재하는지, 존재의 의미를 어떻게 찾을 수 있는지를 깊이 탐구했지."

아들은 흥미롭게 귀를 기울였다.

"예를 들어볼까? 고대 그리스 철학자 플라톤은 '이데아'라는 완전한 세계를 주장했어. 그가 말하길, 우리가 살아가는 이 현실은 이데아의 완전한 세계의 그림자에 불과하다고 했지. 플라톤에게 죽음은 육체를 벗어나 이데아의 세계로 돌아가는 과정으로 이해됐어."

아들은 플라톤의 이데아 세계가 흥미로웠다.

"그러니까 우리가 살아가는 이 현실은 진짜가 아니라 이데아 세계의 일종의 그림자라는 말이군요. 그렇다면 죽음은 오히려 그 이데아 세계로 돌아가는 것이겠네요."

아버지는 고개를 끄덕였다.

"맞아. 플라톤의 철학에서는 죽음이 현실의 끝이 아니라, 완전한 세계로 돌아가는 문과 같은 역할을 해. 그는 철학자가 죽음을 준비하며 살아야 한다고까지 말했지. 플라톤은 인간의 영혼이 불멸하며, 죽음이야말로 영혼이 육체의 굴레에서 벗어나 진정한 지혜를 찾는 순간이라고 보았어."

아들은 플라톤의 사상이 흥미로웠지만, 현실 세계에서 살아가는 사람들이 과연 그런 시각을 가질 수 있을지 의문이 들었다.

"그런데 플라톤의 철학이 너무 이상적이지 않나요? 현실을 부정하는 것 같기도 하고요."

아버지는 미소를 지으며 말했다.

"좋은 지적이야. 사실 그의 제자인 아리스토텔레스는 플라톤과는 조금 다른 관점을 가졌어. 그는 이데아 세계보다 우리가 살고 있는 이 현실 속에서 행복을 추구해야 한다고 보았지. 삶의 의미는 현실에서 인간이 얼마나 도덕적으로, 이성적으로 살아가느냐에 따라 달라진다고 생각했어."

아들은 플라톤과 아리스토텔레스가 같은 스승과 제자의 관계였음에도 불구하고 전혀 다른 철학적 관점을 가졌다는 점이 흥미로웠다.

"그렇다면, 근대나 현대 철학자들은 죽음과 존재를 어떻게 다르게 바라봤나요?"

아버지는 잠시 생각한 후, 서양 철학에서 죽음과 존재를 깊이 탐구한 현대 철학자들의 이야기를 들려주었다.

하이데거: 죽음을 향한 존재

"서양 철학에서 죽음과 존재에 대해 깊이 고찰한 철학자 중 한 명은 하이데거야. 그는 인간 존재의 본질을 '죽음을 향한 존재'라고 설명했지. 하이데거는 우리가 삶을 진정으로 이해하려면 죽음과 맞닥뜨릴 수밖에 없다고 했어."

아들은 흥미로운 듯 눈을 반짝였다.

"죽음을 향한 존재라고요?"

"그래," 아버지는 고개를 끄덕이며 설명을 이어갔다.

"하이데거는 인간이 죽음을 의식하고 그것과 마주할 때, 비로소 삶의 진정한 의미를 깨달을 수 있다고 말했어. 우리는 모두 언젠가 죽을 운명이지. 하지만 대부분의 사람들은 그 사실을 외면하려고 해. 하이데거는 우리가 죽음을 외면하지 않고 정면으로 마주할때, 비로소 삶의 본질을 껴안을 수 있다고 본 거야."

아들은 죽음이 존재의 의미를 밝혀주는 거울이라는 말이 인상 깊었다.

"존재와 죽음이 마치 동전의 양면 같은 관계라는 거군요."

아버지는 미소를 지으며 고개를 끄덕였다.

"그렇지. 하이데거는 우리가 죽음을 피하지 말고, 오히려 그것과 마주할 때 우리가 진정으로 살아 있음을 느끼고, 존재의 깊이를 깨닫는다고 봤어. 죽음은 존재의 끝이 아니라, 그 존재의 의미를 되새기게 해주는 중요한 요소인 거지."

아들은 하이데거의 철학이 동양의 불교적 가르침과도 일맥상통하는 부분이 있다는 것을 깨달았다. 불교에서는 무상無常을 강조하며, 죽음이 삶의 일부임을 받아들이라고 가르친다. 하이데거 역시 죽음을 회피하기보다는 그것을 직시함으로써 존재를 더욱 깊이 이해해야 한다고 보았던 것이다.

사르트르: 존재는 스스로 의미를 만들어야 한다

아들은 한 가지 더 궁금증이 떠올랐다.
"사르트르 같은 실존주의자들은 또 다른 이야기를 하던데요?"
아버지는 사르트르의 개념을 떠올리며 차분히 설명을 이어갔다.
"맞아. 실존주의자 사르트르는 인간이 근본적으로 자유롭다고 주장했어. 하지만 그 자유에는 무거운 책임이 따르지. 사르트르에게 중요한 개념은 '무無'야. 그는 인간이 '무'의 세계 속에서 스스로 의미를 만들어야 하는 존재라고 봤어. 이 '무'란 결국 인간이 죽음에 직면할 때 마주하는 허무와 같아."
아들은 그 '무'라는 개념이 조금 생소하게 다가왔다.
"허무와 같은 무요?"
"그렇지," 아버지는 고개를 끄덕이며 설명했다.
"사르트르는 인간이 아무런 정해진 의미 없이 세상에 던져졌다고 봤어. 이건 우리가 원해서 존재한 것이 아니라 우연히 존재하게 되었다는 의미야. 우리에게 주어진 의미나 목적은 없어. 그렇기 때문에 우리는 그 '무'의 상태에서 스스로 의미를 만들어내야 해. 허무는 결국 죽음을 직시하면서 우리가 마주하게 되는 공허함이기도 하지만, 그 속에서 새로운 자유가 생겨나기도 해."
아들은 잠시 생각에 잠겼다.
"그러니까, 그 허무함 속에서도 우리는 의미를 찾아나가야 한다는 거군요."
아버지는 미소를 지으며 고개를 끄덕였다.

"맞아. 사르트르의 실존주의는 우리가 '무'의 상태에서 스스로 의미를 창조해야 한다는 철학이야. 삶의 본질은 이미 주어진 것이 아니라, 우리가 그 허무함 속에서 어떻게 살아가고 무엇을 의미로 삼느냐에 따라 달라지는 거지. 죽음은 결국 그 '무'와 마주하게 되는 순간이지만, 동시에 우리가 삶의 의미를 만들어낼 수 있는 기회이기도 해."

아들은 서양 철학에서 존재와 죽음이 단순한 끝이 아니라, 의미를 찾아나가는 과정이라는 점이 깊이 와 닿았다. 존재란 단순히 주어진 것이 아니라, 스스로 만들어나가는 것이라는 깨달음이 그를 깊은 생각에 빠지게 만들었다.

5.3 종교와 철학의 경계를 넘어서

아들은 종교와 동양 철학, 그리고 서양 철학에 대한 대화를 통해 많은 깨달음을 얻었다. 그러나 그 과정에서 점점 더 강한 의문이 떠올랐다. 철학과 종교는 다른 것처럼 보이지만, 결국 같은 질문을 던지고 있는 것은 아닐까? 철학은 논리와 이성을 통해 진리를 탐구하고, 종교는 믿음과 깨달음을 통해 삶과 죽음의 의미를 찾으려 한다. 하지만 인간이 던지는 본질적인 질문은 모두 같지 않은가?

아들은 한동안 생각에 잠기다 결국 아버지에게 궁금증을 털어놓았다.

"아버지, 철학과 종교는 다르게 보이지만, 결국 같은 질문을 던지고 있는 것 같아요. 철학은 이성적인 방법으로, 종교는 믿음을 통해 접근하지만, 삶과 죽음에 대한 근본적인 질문은 같지 않나요? 그렇다면 종교와 철학의 경계는 정말 있는 건가요?"

아버지는 아들의 질문에 깊은 미소를 지으며 천천히 차 한 모금을 들이켰다. 그런 후 조용한 목소리로 말했다.

"아주 좋은 질문이야. 사실 종교와 철학은 같은 목표를 두고 다른 길을 걷고 있는 것처럼 보이지만, 궁극적인 목표는 비슷하지. 철학은 논리적 사고를 통해 인간 존재의 본질과 의미를 찾으려 하고, 종교는 믿음과 영적 체험을 통해 깨달음을 얻으려 하지. 하지만 두 길 모두 인간이 가지는 가장 본질적인 질문에 대한 답을 찾으려 한다는 점에서는 차이가 없다고 볼 수도 있어."

아들은 잠시 생각에 잠겼다.
"그렇다면 종교적 깨달음과 철학적 깨달음도 결국 같은 것인가요?"
아버지는 가볍게 고개를 끄덕이며 대답했다.
"본질적으로는 비슷하다고 볼 수 있지. 종교는 깨달음을 통해 해탈이나 구원을 이야기하고, 철학은 진리나 궁극적 실재에 대한 탐구를 이야기해. 예를 들어, 불교의 깨달음과 하이데거가 말한 '실존적 각성'은 서로 다른 표현 방식이지만, 결국은 '지금 이 순간'을 깨닫고 받아들이는 것에 대한 이야기야. 중요한 건 그 경계를 넘어서서, 우리가 스스로 삶과 죽음을 어떻게 받아들일 것인가 하는 것이지."
아들은 고개를 끄덕이며 계속해서 질문을 던졌다.
"그러면 철학과 종교가 추구하는 진리는 같은데, 왜 사람들은 이를 따로 구분하고 나누려고 할까요?"
아버지는 미소를 지으며 말했다.
"그건 인간이 이해하기 쉽게 하기 위해서야. 인간은 복잡한 개념을 이해할 때, 서로 다른 틀과 체계를 만들어 분류하려고 하지. 철학은 이성적 사고를 바탕으로 탐구하는 과정이고, 종교는 신앙과 깨달음을 통해 답을 찾으려는 길이야. 하지만 우리가 깊이 들여다보면, 종교 속에서도 철학적인 질문이 있고, 철학 속에서도 신앙과 비슷한 개념이 들어있는 경우가 많아."
아들은 아버지의 말을 곱씹으며 다시 물었다.
"예를 들어, 기독교와 불교, 그리고 서양 철학에서 삶과 죽음을 바라보는 방식이 궁극적으로 연결될 수 있을까요?"
아버지는 한동안 생각에 잠겼다가 천천히 대답했다.
"연결될 수 있지. 기독교에서는 죽음을 새로운 생명의 시작으로 바라보고, 불교에서는 죽음을 자연스러운 윤회의 한 과정으로 보지. 서양 철학에서도 하이데거나 사르트르 같은 철학자들은 죽음을 피할 수 없는 운명으로 보면서도, 그것을 통해 존재의 의미를 찾으려 했어. 결국 이 모든 가르침은 죽음을 두려워하지 말고, 지금을 살아가라는 메시지를 주고 있어."

아들은 그 말에 깊이 공감했다.

"결국 철학과 종교, 그 어떤 길을 택하든지 중요한 건 지금 이 순간을 살아가는 방법을 깨닫는 것이라는 말이군요."

아버지는 다시 고개를 끄덕였다.

"맞아. 우리는 철학과 종교, 동양과 서양이라는 경계를 넘어설 필요가 있어. 각자의 길에서 얻은 지혜를 통해 우리는 더 깊은 이해를 할 수 있게 되지. 중요한 것은 그 지혜를 통해 삶의 괴로움과 죽음의 본질을 더 깊이 이해하고, 그 과정에서 지금 이 순간, '여기'에 존재하는 삶의 진정한 의미를 발견하는 거야."

아들은 아버지의 말에 점점 더 큰 깨달음을 느꼈다. 철학과 종교는 더 이상 분리된 것이 아니라, 서로 다른 방법으로 동일한 진리를 탐구하고 있었다. 그것은 단순히 죽음에 대한 두려움을 없애는 것이 아니라, 지금 이 순간을 온전히 살아가는 방법을 배우는 것이었다.

"그럼, 우리가 해야 할 일은 이 경계를 넘어서 모든 사상과 철학을 통해 더 깊이 삶을 이해하는 것이겠네요."

아버지는 따뜻한 미소를 지으며 대답했다.

"맞아. 철학과 종교, 동양과 서양의 경계를 넘는 것이 중요하지. 각자의 길에서 나온 지혜를 배울 때, 우리는 삶의 괴로움과 죽음의 본질을 더 깊이 이해할 수 있어. 그리고 가장 중요한 깨달음은 바로 '지금 여기'를 사는 거야. 결국 인간의 모든 고민과 철학적 탐구는 현재를 온전히 살아가기 위한 과정이 아닐까?"

아들은 그 말에 깊이 공감하며, 자신이 지금까지 붙잡고 있던 경계와 한계를 벗어나려는 의지가 생겼다.

"그러니까 철학이든 종교든, 결국 우리가 해야 할 일은 죽음을 두려워하지 않고 이 순간을 온전히 살아가는 것이겠네요."

아버지는 고개를 끄덕이며 말했다.

"그렇지. 삶은 우리가 만들어 가는 것이고, 죽음은 그 삶을 더 소중하게 만드는 요소야. 철학과 종교가 각기 다른 방식으로 우리에게 던지는 메시지는 단 하나야. '지금 이 순간을 살아라.' 죽음을 준비하는 가장 좋은 방법은, 미래에 대해 걱정하는 것이 아니라 지금을 온전히 살아가는 것이지."

아들은 마치 무거운 짐을 내려놓은 듯한 기분이 들었다. 그는 철학과 종교의 경계를 넘어 삶을 바라보는 새로운 시각을 얻었다. 지금 이 순간을 온전히 살아가는 것, 그것이야말로 삶과 죽음을 초월하는 가장 중요한 진리라는 사실을 깨닫게 되었다.

6. 무無의 본질과 존재의 의미

대화는 점점 더 깊어졌고, 이제는 존재와 비존재, 실재와 허상의 경계를 탐구하는 단계에 이르렀다. 아들은 철학적 사고가 점점 더 넓어지는 것을 느꼈다. 인간의 존재가 무엇인지, 우리가 실재라고 믿는 것이 과연 진짜인지, 그리고 죽음 이후에 우리는 완전히 사라지는 것인지에 대한 의문이 머릿속을 떠나지 않았다.

아버지는 차분한 태도로 아들의 고민을 들으며, '본질은 아무것도 없다'는 깨달음을 바탕으로 인간이 스스로 창조하는 의미와 그 과정에서 얻게 되는 해방을 설명해 주려 했다.

6.1 존재와 비존재의 경계

죽음과 존재에 대한 이야기를 나눈 후, 아들은 그 두 개념이 어떻게 연결되는지 궁금해졌다. 만약 죽음이 존재의 끝이라면, 그것은 곧 비존재로 향하는 과정일지도 모른다는 생각이 들었다. 하지만 이 문제를 깊이 파고들면, 죽음과 존재를 단순한 이분법으로 볼 수 없을 것 같다는 생각도 들었다.
그는 조심스럽게 아버지에게 물었다.
"아버지, 우리가 앞서 이야기했던 죽음과 존재에 대해 생각해봤어요. 죽음은 결국 비존재로 가는 과정이라고 이해해도 될까요?"
아버지는 차를 한 모금 마신 후, 깊은 생각에 잠긴 듯한 표정으로 천천히 입을 열었다.
"그렇게 생각할 수도 있지. 하지만 존재와 비존재는 그렇게 단순하게 나눌 수 있는 것이 아니야. 특히 동양 철학에서는 이 둘을 따로 떼어놓고 생각하지 않거든. 예를 들어, 노자는 '유有와 무無는 서로 의존한다'라고 말했어. 존재는 비존재를 통해, 비존재는 존재를 통해 드러난다는 의미지."
아들은 아버지의 말을 곱씹으며 조금 더 깊은 질문을 던졌다.
"그러니까, 무언가가 존재하려면 그것과 반대되는 '없음'이 반드시 필요하다는 뜻인가요?"
아버지는 미소를 지으며 고개를 끄덕였다.

"맞아. 예를 들어 보자. 우리가 컵을 생각해보면, 컵은 내부의 빈 공간이 있어야만 물을 담을 수 있어. 만약 컵 안에 비어 있는 공간이 없다면, 컵이라는 존재는 아무런 의미가 없겠지. 마찬가지로, 우리는 공간이 비어 있기 때문에 그 안에서 자유롭게 움직일 수 있는 거야. 존재는 비존재가 있기에 존재할 수 있고, 그 반대로 비존재 또한 존재를 통해 의미를 갖게 돼."

아들은 고개를 끄덕이며 그 의미를 조금씩 이해해갔다.

"존재와 비존재가 서로 의존하는 관계라니, 결국 둘은 하나라는 말이군요. 그런데 우리는 왜 그렇게까지 존재를 강조하고, 비존재를 두려워하는 걸까요?"

아버지는 깊은 미소를 지으며 설명을 이어갔다.

"그건 인간의 본능 때문이지. 우리는 태어나면서부터 본능적으로 살아남고자 하는 욕구를 가지고 있어. 생존해야 한다는 강한 의지를 지니고 태어나기 때문에, 존재를 유지하려 하고, 비존재를 두려워하는 거야. 하지만 그건 단지 우리의 사고방식일 뿐이지. 자연의 입장에서 보면, 존재와 비존재는 다르지 않아. 파도가 바다에서 일어나고 사라지는 것처럼, 존재는 비존재에서 나왔다가 다시 그곳으로 돌아가는 과정일 뿐이야."

아들은 한동안 침묵했다.

"존재가 비존재에서 나왔다가 다시 비존재로 돌아가는 것이라면, 죽음도 단순히 사라지는 것이 아니라, 본래 있던 곳으로 돌아가는 과정이라고 볼 수도 있겠네요."

아버지는 흐뭇한 표정으로 고개를 끄덕였다.

"그래, 죽음은 끝이 아니라, 하나의 순환이지. 우리가 흔히 '죽으면 모든 것이 끝난다'고 생각하는데, 사실 끝이 아니라 변화하는 거야. 존재는 비존재와의 관계 속에서 항상 변하고 있어. 지금 여기 있는 것도 순간이고, 사라지는 것도 순간이야. 중요한 건 우리가 그 흐름을 어떻게 받아들이느냐지."
아들은 이 개념이 점점 더 흥미로워졌다.
"그렇다면 서양 철학에서도 이런 개념을 다루나요?"
아버지는 차를 한 모금 마시며 서양 철학의 개념을 떠올렸다.
"당연하지. 특히 실존주의자들은 존재와 비존재의 관계에 대해 깊이 고민했어. 하이데거는 '죽음은 가장 궁극적인 비존재로 가는 길이지만, 그로 인해 존재의 의미가 드러난다'고 말했어. 죽음, 즉 비존재가 없다면 존재도 그 의미를 가질 수 없다는 거지. 삶이 죽음과 맞물리며 그 의미를 얻는 것처럼, 비존재는 존재의 의미를 밝히는 역할을 해."
아들은 잠시 생각에 잠겼다.
"그렇다면 우리가 '존재'라고 부르는 것도 사실은 항상 '비존재'와 연결된 상태라는 말이겠네요."
아버지는 고개를 끄덕이며 답했다.
"그래. 삶과 죽음, 존재와 비존재는 끊임없이 서로를 반영하며 연결되어 있어. 그래서 그 경계를 명확히 정의할 수 없는 거야. 우리가 삶과 죽음을 따로 떼어놓고 생각하려는 것은 인간의 사고에서 비롯된 이분법일 뿐이지. 실제로는 그 둘은 경계가 없는 하나의 흐름이라고 볼 수 있어."
아들은 아버지의 말에 점점 더 깊이 공감하게 되었다.
"결국, 존재와 비존재는 동전의 양면처럼 분리될 수 없는 관계라는 거군요."
아버지는 미소를 지으며 다시 고개를 끄덕였다.
"그렇지. 그래서 우리는 존재와 비존재를 따로 떼어놓고 생각하기보다는, 그 둘이 어떻게 상호작용하며 우리 삶의 의미를 형성하는지 이해하는 것이 중요해. 경계를 넘어서는 것이지."
아들은 아버지의 말을 곱씹으며 고개를 끄덕였다.
"그렇다면, 존재와 비존재를 초월할 수 있는 방법은 무엇일까요?"
아버지는 천천히 대답했다.
"그것은 바로 '지금 이 순간을 온전히 살아가는 것'이야. 존재와 비존재는 결국 한 몸이야. 우리가 미래를 걱정하고 과거를 후회하면서 존재와 비존재를 분리하려 할 때, 삶은 고통스러워져. 하지만 존재와 비존재가 하나라는 것을 깨닫고, 죽음을 두려워하지 않는다면, 우리는 삶을 훨씬 더 자유롭고 충만하게 살아갈 수 있어."
아들은 이제까지 한 번도 이런 시각에서 삶과 죽음을 바라본 적이 없었다. 하지만 아버지의 설명을 듣고 나니, 존재와 비존재의 경계를 나누려 했던 자신의 사고방식이 점점 흐려지는 것 같았다.
"그러니까 존재와 비존재는 싸워야 할 개념이 아니라, 함께 받아들여야 하는 개념이라는 거군요."
아버지는 미소를 지으며 고개를 끄덕였다.
"그렇지. 우리는 그 경계를 초월할 필요가 있어. 그리고 그 초월은 거창한 것이 아니라, 단순히 지금 이 순간을 살아가는 데서 시작되는 거야."
아들은 깊이 공감하며, 지금 이 순간을 더욱 온전히 살아야겠다고 다짐했다.

6.2 실재實在와 허상虛像

아들은 존재와 비존재에 대한 대화를 나누면서, 문득 세상이 실제로 존재하는 것인지, 아니면 자신이 만들어낸 허상인지에 대한 의문이 떠올랐다. 어쩌면 지금 보고 있는 이 세계는 단순한 환상일지도 모른다. 우리가 보고, 듣고, 만지고, 느끼는 모든 것들이 정말로 실재하는 것일까? 아니면 그것들은 단지 우리의 감각이 만들어낸 환상에 불과한 것일까?

그는 조심스럽게 아버지에게 질문을 던졌다.

"아버지, 그러면 이 세상이 정말 실재하는 것인지, 아니면 우리가 만들어낸 허상인지도 생각해 볼 필요가 있지 않을까요?"

아버지는 아들의 질문에 잠시 미소를 지었다.

"아주 중요한 질문이야. 실재와 허상의 문제는 오랫동안 철학자들이 고민해 온 주제 중 하나지. 불교에서도 우리가 경험하는 이 세계를 일종의 '허상虛像'이라고 설명해. '공空'이라는 개념을 통해, 모든 것은 고정된 실재가 아니라 인연에 의해 일시적으로 나타나는 것일 뿐이라고 하지."

아들은 불교의 '공'개념이 조금 어렵게 느껴졌다. "그럼 우리가 보고, 듣고, 느끼는 모든 것들이 사실은 실재하지 않는다는 건가요?"

아버지는 차를 한 모금 마시며 조용히 고개를 끄덕였다.

"우리가 감각적으로 경험하는 세계는 단지 현상일 뿐이야. 마치 물 위에 비친 달처럼, 우리가 보고 있는 것은 실재가 아니라 일종의 반영反映이야. 하지만 그 반영조차도 현실의 일부이기도 하지. 예를 들어 보자. 네가 꿈을 꾸고 있다고 가정해 보자. 꿈속에서는 모든 것이 실제처럼 느껴지지만, 네가 잠에서 깨어나는 순간 그것이 환상이었다는 것을 깨닫게 되지. 하지만 꿈을 꾸는 동안에는 그것이 진짜처럼 보였잖아? 그와 마찬가지로, 우리가 경험하는 현실도 어쩌면 그렇게 보일 수도 있어."

아들은 잠시 생각에 잠겼다. "그럼 우리가 경험하는 이 모든 허상은 실재와 완전히 분리된 것인가요?"

아버지는 고개를 저으며 대답했다.

"꼭 그렇지는 않아. 동양 철학에서는 허상을 실재와 분리된 것으로 보지 않아. 오히려 허상도 실재의 일부로 작용한다고 보지. 우리가 보고, 듣고, 느끼는 모든 것은 일시적이고 변하는 것이지만, 그것도 결국 실재의 일부야. 다시 말해, 허상이 곧 실재를 완전히 부정하는 것이 아니라, 실재와 연결된 상태로 존재하는 것이지."

아들은 아버지의 말이 점점 더 흥미롭게 다가왔다.

"그럼 허상은 실재의 반대 개념이 아니라, 그 일부일 뿐이라는 말이군요?"

아버지는 미소를 지으며 고개를 끄덕였다.

"그렇지. 실재와 허상은 서로를 필요로 해. 우리는 허상을 통해 실재를 느끼고, 실재를 통해 허상을 이해하지. 그건 마치 바람을 눈으로 볼 수는 없지만, 나뭇가지가 흔들리는 모습을 통해 바람이 존재한다는 것을 아는 것과 같아. 바람 자체는 보이지 않지만, 그 흔적을 통해 실재한다는 걸 알 수 있지."

이들은 깊은 깨달음을 얻은 듯했다. 하지만 그는 아직 한 가지 의문이 남아 있었다.

"그런데, 아버지. 서양 철학에서도 이런 개념이 존재하나요?"
아버지는 차를 한 모금 더 마시며 서양 철학의 개념을 떠올렸다.
"물론이지. 플라톤의 이데아론을 떠올려 보면 쉽게 이해할 수 있을 거야. 플라톤은 우리가 보고 있는 이 세상이 진정한 실재의 그림자에 불과하다고 했지. 그는 '동굴의 비유'를 통해 인간이 감각으로 경험하는 모든 것은 단순한 허상이며, 그 뒤에 있는 진정한 실재를 우리가 직접 볼 수 없다고 설명했어."
아들은 플라톤의 이야기가 흥미로웠다.
"동굴의 비유라면, 벽에 비친 그림자만 보고 그게 진짜라고 믿는 이야기죠?"
"맞아." 아버지는 고개를 끄덕였다. "사람들이 동굴 속에서 평생을 보내면서 벽에 비친 그림자를 진짜라고 믿는 것처럼, 우리가 경험하는 세계도 어쩌면 실재의 그림자일 수 있어. 하지만 대부분의 사람들은 그 그림자가 가짜라는 것을 깨닫지 못하지. 마치 불교에서 말하는 '공'처럼, 우리가 경험하는 모든 것이 절대적인 실재가 아니라는 거야."
아들은 이제 실재와 허상의 경계가 점점 흐려지는 것을 느꼈다.
"그렇다면, 우리가 사는 이 세계가 완전한 실재인지, 아니면 단순한 허상인지는 알 수 없다는 뜻인가요?"
아버지는 부드럽게 웃으며 답했다.
"바로 그 점이 중요한 거야. 결국, 우리가 실재라고 믿는 것은 우리가 받아들이는 방식에 따라 결정돼. 네가 이 세계를 허상이라고 믿으면 허상이 되고, 실재라고 믿으면 실재가 되는 거야. 하지만 중요한 건, 허상 속에서도 우리는 의미를 창조할 수 있다는 점이지. 네가 어떤 방식으로 이 세계를 받아들이느냐에 따라, 네 삶의 방향이 달라지는 거야."
아들은 그 말을 곱씹으며 다시 질문했다.

"그럼 우리는 이 허상 속에서 어떻게 살아가야 하나요?"
아버지는 미소를 지으며 대답했다.
"우리는 허상 속에서도 진리를 찾을 수 있어. 꿈속에서도 감동적인 순간이 있고, 꿈에서 배운 것이 현실에 영향을 미칠 수 있듯이, 우리가 경험하는 현실이 허상일지라도 그 안에서 의미를 찾고, 사랑을 나누고, 배움을 쌓을 수 있지. 중요한 건 그것이 실재인지 허상인지 따지는 것이 아니라, 네가 그 안에서 무엇을 깨닫고 어떻게 살아가느냐야."
아들은 깊이 고개를 끄덕였다.
"결국, 실재이든 허상이든 우리는 그 안에서 의미를 만들어야 한다는 거군요."
아버지는 부드럽게 고개를 끄덕이며 차를 한 모금 더 마셨다.
"그렇지. 우리는 실재와 허상의 경계를 넘어서, 우리가 만들어갈 수 있는 삶을 살아가야 해. 실재는 그것을 받아들이는 사람에 따라 다르게 정의될 수 있어. 네가 지금 이 순간을 충실히 살아간다면, 그것이 바로 네게 주어진 가장 진정한 실재가 되는 거야."
아들은 그 말이 마음 깊이 와닿았다. 실재와 허상이라는 개념이 이제 더 이상 뚜렷이 구분되는 것이 아니라, 서로 연결되어 있다는 것을 깨닫게 되었다. 그는 이제 자신이 살아가는 이 순간이 어떤 형태이든, 그것을 받아들이고 의미를 만들어 가는 것이 중요하다는 것을 배웠다.
그는 미소를 지으며 말했다.
"그럼, 아버지. 저는 지금 이 순간을 살아가며, 저만의 실재를 만들어 가야겠네요."
아버지는 흐뭇한 미소를 지으며 고개를 끄덕였다.
"그래, 그것이 바로 우리가 이 세계에서 해야 할 가장 중요한 일이야."

6.3 본질은 아무것도 없다

아들은 실재와 허상에 대한 대화를 이어가면서 점점 더 깊은 의문에 빠졌다. 만약 모든 것이 실재이든 허상이든 변화하는 것이라면, 그 본질은 무엇일까? 우리가 살아가면서 진리라고 믿는 것들은 과연 영원한 것일까, 아니면 단지 순간적인 현상일 뿐일까? 만약 변하지 않는 본질이 없다면, 우리가 찾고 있는 삶의 의미는 어디에서 오는 것일까?
그는 조심스럽게 아버지에게 물었다.
"아버지, 그렇다면 결국 이 모든 것이 실재든 허상이든, 본질적으로는 아무것도 없다는 결론에 도달하는 건가요?"
아버지는 아들의 질문을 곰곰이 되새기며 조용히 차를 한 모금 마셨다. 그리고는 부드러운 목소리로 대답했다.
"맞아. 내가 오랜 세월 철학과 종교를 탐구하면서 얻은 결론이 바로 그거야. 본질적으로는 아무것도 없다는 것. 우리가 인생에서 무엇인가를 찾으려고 애쓰지만, 결국 우리가 찾는 것은 '공空'이야. 무無이지. 불교에서도 이것을 중요한 깨달음으로 이야기해. '본질은 아무것도 없다'는 말은 처음 들으면 허무하게 느껴질 수 있지만, 사실 그 안에는 아주 깊은 진리가 담겨 있어."
아들은 순간 멈칫했다. 본질이 없다는 것이라니. 그것이 어떻게 진리일 수 있을까?
"아무것도 없다는 것이 어떻게 진리일 수 있죠?"

아버지는 미소를 지으며 손가락으로 테이블을 가볍게 두드렸다.
"여기 이 테이블을 보자. 우리는 이걸 테이블이라고 부르지만, 실은 나무 조각들이 조립된 결과일 뿐이지. 더 깊이 들어가 보면, 나무는 원래 씨앗이었고, 시간이 지나면서 자랐고, 결국엔 잘려서 가공된 거야. 그리고 언젠가는 부서지고, 썩어서 사라지겠지. 그렇다면 이 테이블의 본질은 뭐라고 할 수 있을까?"
아들은 테이블을 바라보며 곰곰이 생각했다.
"음… 결국 형태는 계속 변하고, 처음부터 고정된 본질이 있는 건 아니군요."
"맞아. 모든 것은 변해. 고정된 본질이 있다고 믿지만, 사실 우리가 본질이라고 생각하는 것은 변화 속에서 임시로 존재하는 것뿐이야. 사람도 마찬가지야. 우리가 '나'리고 부르는 존재는 고정된 자아가 아니라, 계속해서 변하는 사고와 감정, 기억들의 모음이지."
아들은 순간 충격을 받았다. 그동안 자신이 확고한 자아를 가지고 있다고 믿었지만, 곰곰이 생각해보면 자신의 생각, 감정, 행동들은 매일매일 달라지고 있었다. 그럼 자신이 '나'라고 믿는 것도 결국 변하는 것이라면, 정말로 '나'라는 본질이 존재하는 걸까?
"그럼, 우리 자신도 본질적으로는 아무것도 아닌 건가요?"
아버지는 고개를 끄덕이며 말을 이었다.
"그래. 본질적으로는 아무것도 아니야. 너도, 나도, 이 세상의 모든 것도. 처음부터 있었던 고정된 본질이 있는 것이 아니라, 그 순간순간 변화하는 것들이 쌓여서 하나의 형태를 이루고 있을 뿐이지. 불교에서는 이를 '연기緣起'라고 부르는데, 모든 것은 서로 연결되어 있고, 조건에 따라 잠시 나타났다가 사라지는 것이야."
아들은 조금씩 그 의미를 이해해 가고 있었다.

"결국, 모든 것이 변한다면, 우리가 본질을 찾으려는 노력은 의미가 없는 걸까요?"

아버지는 조용히 미소를 지으며 손을 흔들었다.

"아니, 그게 중요한 포인트야. 본질이 없다는 건 우리가 무의미 속에서 방황해야 한다는 뜻이 아니라, 오히려 우리가 모든 것에서 자유로워질 수 있다는 걸 의미해. 네가 어떤 의미를 만들어도 상관없고, 어떤 길을 선택해도 괜찮다는 뜻이지. 본질이 없기 때문에, 우리는 스스로 의미를 창조할 수 있는 무한한 자유를 가진 거야."

아들은 이 말에 더욱 깊은 흥미를 느꼈다.

"그럼, 우리가 찾으려는 의미는 외부에서 주어지는 것이 아니라 우리가 직접 만들어가는 것이군요."

"바로 그거야!" 아버지는 고개를 끄덕었다. "사람들은 의미를 어디선가 찾으려고 하지만, 사실 의미는 원래부터 존재하는 것이 아니라, 우리가 만들어가는 거야. 네가 지금 이 순간 무엇을 소중하게 여기느냐에 따라 삶의 의미는 달라질 수 있어."

아들은 자신의 삶을 돌아보았다. 자신이 중요하다고 여겼던 많은 것들—성공, 인정, 목표—모두가 사실은 자신이 부여한 의미였다는 것을 깨닫기 시작했다. 그리고 그 의미는 언제든 바뀔 수 있는 것이었다.

"그럼, 우리가 삶을 살면서 가져야 할 태도는 뭘까요? 본질이 없다면, 우리는 어떻게 살아가야 하죠?"

아버지는 잠시 생각한 뒤, 부드럽게 대답했다.

"본질이 없다는 걸 깨닫는 순간, 우리는 집착에서 벗어날 수 있어. 더 이상 과거의 후회나 미래에 대한 두려움에 얽매일 필요가 없어. 왜냐하면, 모든 것이 변하기 때문이지. 중요한 건 '지금 이 순간'을 받아들이는 거야. 과거는 이미 사라졌고, 미래는 아직 오지 않았어. 우리가 존재하는 유일한 순간은 바로 지금이야."
아들은 조용히 숨을 들이마셨다. '지금 이 순간'이라는 말이 단순한 철학적 개념이 아니라, 자신의 삶을 변화시킬 수 있는 핵심적인 가르침이라는 것을 깨닫게 되었다.
"그럼, 본질이 없다는 사실을 받아들이면 우리는 더 자유로워질 수 있겠네요."
아버지는 따뜻한 미소를 지으며 고개를 끄덕였다.
"그래. 우리는 본질이 없다는 사실을 두려워할 필요가 없어. 오히려 그것이야말로 우리에게 주어진 가장 큰 자유야. 네가 원하는 어떤 의미라도 창조할 수 있고, 어떤 방향으로든 나아갈 수 있어. 삶의 의미는 정해진 것이 아니라, 네가 만들어가는 거야."
아들은 깊은 깨달음을 얻은 듯했다. 이제 그는 더 이상 정해진 본질을 찾으려 애쓰지 않을 것이다. 대신, 자신이 만들어가는 의미 속에서 자유롭게 살아가기로 결심했다.
"아버지, 저는 이제 의미를 찾는 것이 아니라, 의미를 만들어 가면서 살겠어요."
아버지는 흐뭇하게 미소 지으며 아들의 어깨를 가만히 두드렸다.
"그래, 그것이야말로 진정한 깨달음이지."

7. 삶의 허상과 진실

사람들은 종종 현실을 피상적으로 바라보며 살아간다. 눈에 보이는 것, 손으로 만질 수 있는 것, 사회적으로 인정받는 것들이 마치 진짜인 것처럼 보이지만, 그것들이 과연 절대적인 진실일까? 우리는 모두 성공, 부, 명예, 행복을 추구하며 살아가지만, 그 과정에서 우리가 좇는 것들이 단순한 허상일 수도 있다는 사실을 쉽게 깨닫지 못한다.

아들은 이 모든 것이 과연 어디까지가 진실이고 어디까지가 허상인지 궁금해졌다. 그는 어릴 때부터 성취를 위해 노력해 왔고, 주변 사람들의 기대를 충족시키기 위해 달려왔다. 그런데 문득 이런 생각이 들었다. '내가 정말 원하는 것은 무엇일까? 내가 지금까지 믿어온 것들이 진정한 진실일까?'

7.1 물질과 정신의 이분법

아들은 문득 물질적인 것과 정신적인 것의 관계에 대해 궁금해졌다. 어린 시절부터 그는 돈이나 음식, 집과 같은 물질적인 요소들이 삶에서 중요한 역할을 한다는 것을 알았다. 하지만 동시에 사랑, 믿음, 철학 같은 정신적인 요소들 역시 인간을 움직이게 하는 원동력이 된다는 것도 느꼈다. 그렇다면, 이 두 가지는 어떤 관계를 맺고 있는 것일까? 서로 대립하는 것일까, 아니면 조화를 이룰 수 있는 것일까? 이러한 생각이 머릿속을 맴돌던 어느 날, 그는 아버지에게 질문을 던졌다.

"아버지, 우리는 살아가면서 물질적인 것과 정신적인 것을 분리해서 생각하는 경우가 많은 것 같아요. 물질과 정신의 관계는 어떻게 이해해야 할까요?"

아버지는 아들의 질문을 듣고 잠시 미소를 지었다. 그는 마치 오래전부터 이 질문을 기다려왔다는 듯이 차분히 차를 한 모금 마신 후 대답했다.

"좋은 질문이구나. 인간은 오랫동안 물질과 정신을 나누어 생각해 왔지. 특히 서양 철학에서는 데카르트가 '나는 생각한다, 고로 존재한다'라는 명제로 이분법을 제시했어. 그의 사상에 따르면 물질적인 세계는 하나의 실체이고, 정신적인 세계는 또 다른 차원으로 존재한다고 보았지. 그로 인해 우리는 물질과 정신을 별개의 것으로 보는 경향이 생겼어."

아들은 아버지의 설명을 들으며 고개를 끄덕였다. "그렇다면 이분법적으로 생각하면 우리는 삶을 어떻게 바라보게 되나요?"

아버지는 책장에 꽂힌 두꺼운 철학책을 가만히 쓰다듬으며 말했다. "이 이분법은 우리가 삶을 두 가지로 나누어 생각하게 만들지. 물질적인 것에 집착하는 삶과, 정신적인 깨달음이나 진리를 추구하는 삶으로 말이야. 물질적인 것에만 얽매이면 우리는 욕망과 소유에 집착하게 되고, 그것이 우리를 괴롭히게 돼. 예를 들어, 부를 추구하는 사람들은 돈을 더 많이 벌기 위해 모든 시간을 일에 쏟아붓지만, 정작 행복은 멀어질 수 있어. 반대로, 정신적인 것만을 추구하는 것도 그만큼 위험할 수 있어. 현실적인 삶을 외면하고 깊은 사색과 명상에만 빠져 있다 보면, 현실 세계에서 살아가기 어려워질 수도 있지. 결국 균형이 중요한 거야."

아들은 아버지의 말을 곰곰이 곱씹었다. "그럼 물질과 정신은 대립하는 것이 아니라, 함께 작용해야 한다는 거군요?"

아버지는 미소를 지으며 고개를 끄덕였다. "맞아. 물질과 정신은 서로 대립하는 것이 아니라, 하나의 연속선 상에서 함께 존재해. 둘은 서로 떼어놓을 수 없는 관계야. 물질이 없으면 정신도 드러날 수 없고, 정신이 없으면 물질을 이해할 수 없어. 예를 들어볼까? 그림을 그릴 때 붓과 물감이 필요하지? 하지만 붓과 물감만 있다고 해서 훌륭한 그림이 그려지는 것은 아니야. 그것을 조화롭게 구성하는 너의 생각과 감각, 창의력도 중요하지. 다시 말해, 물질은 정신이 표현될 수 있는 도구이고, 정신은 물질을 통해 현실에서 실현되는 것이지."

아들은 고개를 끄덕이며 깊이 생각에 잠겼다. "그렇다면 역사적으로도 이 문제를 고민한 사람들이 많았겠죠?"

아버지는 웃으며 대답했다. "당연하지. 동양 철학에서는 이와 다른 시각으로 접근했어. 예를 들어, 불교에서는 물질과 정신의 구분을 초월하려 했어. 모든 것은 결국 무상無常하며, 물질도 정신도 고정된 것이 아니라 변하는 과정 속에 존재한다고 보았지. 유교에서는 물질과 정신의 조화를 강조하면서도, 정신적인 가치가 좀 더 우위에 있다고 여겼어. 반면 도교에서는 자연과 조화를 이루며 물질과 정신을 균형 있게 바라보려 했고. 이렇게 철학자들마다 견해는 조금씩 달랐지만, 공통점은 항상 균형이 중요하다는 거야."

아들은 역사 속 철학자들이 고민했던 문제를 떠올리며, 현대 사회에서는 이 문제가 어떻게 적용될 수 있을지 생각해 보았다. "그럼 현대 사회에서 사람들은 물질과 정신의 균형을 잘 맞추고 있을까요?"

아버지는 깊이 한숨을 쉬었다. "사실 현대 사회는 물질적인 것에 더 집중하는 경향이 있어. 우리는 자본주의 사회에서 살고 있고, 경제적 성공이 중요하게 여겨지다 보니 많은 사람들이 물질적인 풍요를 추구하지. 돈이 많을수록 좋은 차, 좋은 집, 더 높은 사회적 지위를 얻을 수 있으니까. 하지만 동시에 정신적인 가치를 소홀히 하면 공허함을 느끼게 되지. 그래서 명상, 심리 상담, 철학적인 성찰 같은 것들이 다시 주목받는 거야. 사람들이 물질적으로는 풍요로워졌지만, 정신적으로는 더 불안하고 외로움을 느끼는 경우가 많아졌거든."

아들은 공감하며 말했다. "그렇다면 우리는 어떻게 해야 물질과 정신의 균형을 맞출 수 있을까요?"

아버지는 조용히 창밖을 바라보며 말했다. "중요한 것은 네가 삶에서 무엇을 더 가치 있게 여기는지 아는 거야. 물질도 중요하고, 정신적인 가치도 중요해. 하지만 이 둘 중 하나에만 집착하면 균형을 잃게 되지. 예를 들어, 돈을 많이 벌고 싶다면, 그것이 단순한 욕망 때문인지, 아니면 가족을 위해서인지 스스로에게 물어봐야 해. 그리고 정신적인 깨달음을 추구한다고 해도, 현실을 무시하고 도피하는 방식이 아닌지 돌아봐야 하지. 결국, 우리가 진정 원하는 삶을 살아가기 위해서는 물질과 정신이 조화를 이루도록 노력해야 해."

아들은 아버지의 말을 듣고 깊이 깨달았다. 그는 그동안 물질과 정신을 분리해서 바라보았던 자신의 생각이 한쪽에만 치우쳤다는 사실을 깨달으며, 이 둘이 함께 작용하는 것이 얼마나 중요한지 느꼈다. 물질과 정신은 서로를 보완하며 함께 가야 한다는 것을 알게 되자, 그는 앞으로 어떤 삶을 살아야 할지에 대한 방향을 조금 더 명확하게 이해할 수 있었다.

아버지는 아들의 눈빛에서 변화를 감지하고는 따뜻하게 미소 지으며 말했다. "삶의 진리는 항상 단순해 보이지만, 실천하기는 쉽지 않아. 하지만 너는 이제 균형이 얼마나 중요한지 알았으니, 그것을 기억하고 살아가면 될 거야."

아들은 아버지의 말을 마음속 깊이 새겼다. 이제 그는 삶을 바라보는 시선이 한층 더 넓어졌음을 느꼈다.

7.2 피상적인 삶의 이면

아들은 물질과 정신의 관계에 대해 나눈 대화를 곱씹으며, 우리가 살아가는 삶의 피상적인 모습들에 대해 깊이 고민하기 시작했다. 일상 속에서 우리가 집착하는 것들이 진정한 의미를 지니는 것인지, 그 이면에는 어떤 진실이 숨어 있는지에 대한 의문이 떠올랐다.
"아버지, 우리가 살아가면서 마주하는 삶의 피상적인 모습들은 어떤 의미를 가질까요? 그 이면에는 어떤 진실이 숨어 있을까요?"
아버지는 아들의 질문을 듣고 잠시 생각에 잠겼다. 차 한 잔을 천천히 들이켠 후, 부드럽지만 단단한 목소리로 답했다.
"우리가 일상적으로 경험하는 많은 것들은 사실 피상적인 것들이야. 예를 들어, 명품 옷을 입고, 비싼 차를 타고, 높은 지위를 갖는 것. 이런 것들은 사람들이 성공했다고 여기는 기준이 되기도 하지. 하지만 그런 것들이 정말 우리 삶의 본질을 이루는 것일까?"
아들은 아버지의 말을 듣고 고개를 끄덕였다. "그렇다면 그런 것들은 단순히 우리에게 일시적인 만족감을 주는 요소에 불과한 건가요?"
아버지는 미소를 지으며 고개를 끄덕였다. "그렇지. 명예, 사회적 지위, 돈 같은 것들은 순간적으로 기쁨을 줄 수 있지만, 그건 마치 사막에서 물을 찾는 것과 같아. 잠시 갈증을 해소해 줄지는 몰라도, 결국 다시 목마르게 되어 계속해서 더 많은 것을 원하게 되지."
아들은 흥미를 느끼며 다시 물었다. "그럼 우리가 진정으로 추구해야 할 것은 무엇인가요? 그 피상적인 것들의 이면에 있는 진실은 무엇인가요?"

아버지는 창밖을 바라보며 잠시 생각에 잠겼다. 그리고는 차분하게 말을 이었다.

"우리가 진정으로 추구해야 하는 것은 내면의 평화야. 많은 사람들이 물질적인 성공이나 외적인 성취에만 집중하지만, 그건 끝이 없는 싸움이야. 돈을 많이 번 사람도, 명예를 얻은 사람도 결국 더 많은 것을 원하지. 하지만 그 피상적인 삶을 넘어서면, 우리는 더 깊은 깨달음과 진리에 도달할 수 있어."

아버지는 자신의 경험을 덧붙였다. "젊었을 때 나도 성공을 좇았어. 더 많은 돈을 벌고, 더 높은 지위를 얻으려고 말이야. 그런데 그렇게 노력하고도 만족이 채워지지 않더라. 오히려 더 많은 불안과 초조함이 생기더군. 그래서 내가 깨달은 건, 겉으로 보이는 성공은 우리가 기대하는 만큼의 행복을 가져다주지 않는다는 거야."

아들은 아버지의 말을 듣고 깊이 생각에 잠겼다. "그렇다면 우리가 행복해지기 위해선 어떻게 해야 하나요?"

아버지는 천천히 차를 한 모금 마시고는 말했다. "행복은 남이 인정해 주는 것이 아니라, 스스로 느끼는 것이야. 진정한 행복은 외부의 조건이 아니라 내면의 상태에서 비롯되지. 예를 들어 볼까?"

아버지는 예시를 들기 시작했다. "어떤 사람은 작은 집에서 살면서도 가족과 함께하는 시간에 만족하고, 삶의 소소한 기쁨을 찾으며 행복을 느껴. 반면 어떤 사람은 커다란 저택에서 살면서도 끊임없이 더 좋은 집을 원하고, 다른 사람과 비교하며 만족을 느끼지 못하지. 같은 세상을 살아가지만, 한 사람은 진정한 행복을 찾았고, 다른 사람은 끝없는 욕망에 시달리는 거야."

아들은 공감하며 말했다. "그렇군요. 결국 중요한 건 우리가 무엇을 가졌느냐가 아니라, 그것을 어떻게 바라보느냐의 문제네요."

아버지는 미소를 지으며 고개를 끄덕였다. "맞아. 우리가 피상적인 것들에 집착하는 순간, 행복은 점점 멀어져. 반대로, 우리가 현재의 순간을 온전히 살아가고, 내면의 평화를 유지할 때 비로소 진정한 삶을 살게 되지."

아들은 아버지의 말을 곱씹으며 다시 한번 질문을 던졌다. "그렇다면, 우리가 그 본질을 깨닫고 더 깊은 삶을 살기 위해선 어떻게 해야 할까요?"

아버지는 깊이 생각하다가 대답했다. "먼저, 불필요한 집착을 내려놓는 연습을 해야 해. 우리가 무언가를 가지려 할 때마다, 그것이 정말 필요한 것인지, 아니면 단순한 욕망인지 돌아보는 거야. 그리고 타인과 비교하지 않는 것도 중요하지. 비교는 끝없는 열등감과 불안을 가져올 뿐이거든. 마지막으로, 진정으로 의미 있는 관계를 맺고, 순간순간을 소중히 여기는 태도가 필요해."

아들은 아버지의 말을 들으며 자신의 삶에서 무엇이 중요한지를 다시 한번 생각해 보게 되었다. 물질적인 것에 대한 집착을 내려놓고, 그 이면에 숨겨진 더 깊은 의미를 찾아가는 것이야말로 진정한 삶의 길임을 깨닫기 시작했다.

7.3 진리와 깨달음의 길

아들은 삶과 진리에 대한 아버지의 설명을 들으며, 문득 진리와 깨달음에 이르는 길에 대해 궁금해졌다. 많은 철학자들이 진리를 찾으려고 노력해 왔지만, 그들이 제시한 길은 어떤 것일까? 그는 아버지에게 물었다.

"그럼, 아버지. 진리와 깨달음에 이르는 길은 어떻게 갈 수 있을까요? 많은 철학자들이 진리를 찾으려고 노력했는데, 그들은 어떤 길을 제시했나요?"

아버지는 잠시 생각에 잠긴 후 차분히 대답했다.

"진리는 우리가 직접 걸어가야 할 길이지. 하지만 그 길에는 보편적인 경로가 없고, 각자의 방식으로 찾아야 해. 철학자들이나 종교 지도자들은 여러 가지 길을 제시했지만, 그중 하나는 깨달음의 순간을 통해 얻어지는 내면의 깊은 통찰이야. 불교에서는 그걸 '자각自覺'이라고 하지. 자기 자신에 대해, 그리고 세상에 대해 깊이 이해하는 순간을 뜻해."

아들은 깨달음의 순간이 특별한 경험에서 오는 것인지 궁금해졌다.

"깨달음은 꼭 어떤 특별한 경험이나 순간에 오는 건가요?"

아버지는 고개를 저으며 부드럽게 대답했다.

"꼭 그렇지는 않아. 깨달음은 일상 속에서도 아주 작은 순간에 찾아올 수 있어. 우리가 이 세상과 연결되어 있다는 사실을 깨닫는 순간, 또는 물질적인 것들에 대한 집착에서 벗어나는 순간일 수도 있지. 깨달음은 특정한 사건이나 경험에만 의존하는 것이 아니라, 우리가 이 순간을 어떻게 살아가느냐에 달려 있어."

아들은 특별한 순간이 아니어도, 평범한 일상 속에서도 깨달음을 얻을 수 있다는 말이 인상 깊었다.

"그렇다면, 진리는 무엇인가요? 깨달음과 같은 건가요?"

아버지는 미소를 지으며 대답했다.

"진리와 깨달음은 같은 맥락에서 이야기할 수 있어. 진리는 우리가 찾는 절대적인 것이 아니라, 우리 내면에서 발견되는 것이지. 이 순간을 있는 그대로 받아들이고, 삶의 흐름 속에서 자연스럽게 살아가는 것이 바로 진리를 경험하는 거야. 우리가 진리를 외부에서 찾으려고 할 때는 답을 찾지 못하지만, 내면을 깊이 들여다보면 그 안에 이미 진리가 존재하는 경우가 많지."

아들은 그 말이 마음에 와닿았다.

"결국, 진리와 깨달음의 길은 외부에서 무언가를 찾기보다는, 스스로의 내면을 깊이 들여다보는 것이 중요하다는 말씀이군요."

아버지는 고개를 끄덕이며 대답했다.

"맞아, 진리와 깨달음은 거창한 것이 아니야. 지금 이 순간에 주목하고, 나와 세상 사이의 연결을 느끼며, 물질과 정신의 균형을 이루는 것이야말로 그 길을 걷는 방법이야. 삶의 허상 속에서 진실을 발견하는 순간, 우리는 더 자유롭고 평화로운 존재가 될 수 있지."

아들은 한동안 아버지의 말을 곱씹었다. 그는 이제 깨달았다. 자신이 진리나 깨달음을 외부에서 찾으려 했던 것이 얼마나 헛된 일이었는지. 이제는 자신의 내면을 바라보고, 이 순간을 온전히 살아가는 것이야말로 진리와 깨달음에 이르는 길이라는 것을 알게 되었다.

아버지는 차를 한 모금 마시며 아들을 바라보았다. 아들의 눈에는 이제 막 안개가 걷힌 듯한 맑은 빛이 어렸다. 아들은 다시 조심스럽게 물었다.
"하지만 아버지, 사람들이 흔히 말하는 깨달음의 순간이라는 게 정말 있는 건가요? 깨달음은 결국 우리 내면에서 찾는 것이라면, 특별한 사건이 없어도 그냥 깨달을 수 있는 건가요?"
아버지는 빙그레 웃으며 고개를 끄덕였다.
"특별한 사건은 깨달음의 계기가 될 수 있어. 하지만 꼭 거창한 사건일 필요는 없어. 깨달음은 마치 안개가 걷히는 것과 비슷해. 어느 날 갑자기, 오랜 시간 쌓인 생각과 경험이 하나로 연결되면서 모든 것이 명확해지는 순간이 오거든. 그리고 그 순간은 일상 속에서 아주 작은 계기로 찾아오기도 해."
아들은 고개를 갸웃하며 되물었다.
"예를 들면 어떤 순간이요?"
아버지는 잠시 생각하더니 조용히 말했다.
"아침에 해가 떠오르는 순간을 봤을 때일 수도 있어. 온 세상이 금빛으로 물들며 새롭게 깨어나는 그 순간에, 삶이 얼마나 단순하고 아름다운지를 깨달을 수 있지. 또는 비 오는 날 창밖을 바라볼 때, 빗방울이 창에 떨어지는 소리를 들으며 모든 것이 흘러가고 있다는 것을 깨달을 수 있어.
또 이런 경험도 있어. 누군가의 따뜻한 손길을 느낄 때, 혹은 사랑하는 사람의 눈을 바라볼 때, 말없이 서로가 연결되어 있다는 감각이 들 때— 그런 순간이 바로 깨달음의 순간이 될 수 있지."
아들은 아버지의 말을 들으며 마음 깊이 공감했다. 자신도 그런 순간을 경험한 적이 있었다.
"아, 저도 그런 느낌을 받은 적이 있어요. 지난겨울에 첫눈이 내릴 때

였어요. 하얀 눈이 조용히 떨어지는 모습을 보면서, 제가 무언가 더 큰 존재의 일부가 된 것 같은 느낌이 들었어요. 모든 게 평온하고 완벽하게 맞아 떨어진다는 느낌이요."

아버지는 미소를 지으며 고개를 끄덕였다.

"맞아. 바로 그 순간이 깨달음의 순간이야. 우리가 세상과 연결되어 있다는 느낌을 받는 순간, 그게 깨달음이야. 깨달음은 대단한 것이 아니야. 오히려 아주 단순하고, 평범한 순간에서 온다는 것이 깨달음의 본질이야."

아들은 아버지의 말에 고개를 끄덕였다.

"그럼 깨달음은 항상 존재하고 있는 건가요?"

아버지는 조용히 답했다.

"그렇지. 깨달음은 언제나 거기에 있어. 다만 우리가 그것을 볼 준비가 되었을 때, 깨달음은 스스로 드러나게 돼. 마치 구름이 걷히고 태양이 드러나는 것처럼 말이야."

아들은 마침내 깨달았다.

진리와 깨달음은 멀리 있는 것이 아니라, 바로 이 순간, 이 자리에서 이미 존재하고 있었다는 것을. 자신이 마음을 열고 받아들일 준비가 되었을 때, 진리와 깨달음은 자연스럽게 찾아올 것임을 그는 깨달았다.

아버지는 아들을 조용히 바라보았다.

아들은 미소를 지으며 말했다.

"아버지, 이제 알 것 같아요. 진리와 깨달음은 멀리 있는 게 아니라, 바로 여기, 바로 지금 제 안에 있다는 것을요."

아버지는 따뜻한 미소를 지으며 아들의 어깨를 두드렸다.

"그래. 이제 너는 그 길 위에 서 있는 거야."

아들은 미소를 지으며 창밖을 바라보았다. 창밖에는 노을이 지고 있었다. 하늘을 물들이는 붉은빛이 세상을 감싸고 있었다. 그는 지금이 바로 깨달음의 순간이라는 것을 깨달았다.

8. 삶의 고통을 넘어

아버지는 고통이 피할 수 없는 삶의 일부임을 강조하며, 고통을 수용하고 초월하는 법을 설명한다. 고통 속에서 우리는 존재의 이유를 다시 한번 성찰하게 되며, 괴로움을 넘어선 평온의 경지에 도달할 수 있는 길을 탐구한다. 삶이란 결국 고통의 연속이며, 그 고통을 통해 성장하고 배우며 성숙해가는 과정일지도 모른다.

8.1 고통의 수용과 초월

아들은 삶 속에서 마주하는 고통에 대해 생각해보았다. 누구도 피할 수 없는 고통이 삶의 일부라면, 그것을 어떻게 받아들이고 극복할 수 있을지 궁금해졌다. 그는 아버지에게 물었다.
"아버지, 우리가 살아가는 동안 피할 수 없는 것 중 하나가 바로 고통인 것 같아요. 고통을 어떻게 받아들이고 넘어설 수 있을까요?"
아버지는 아들의 질문에 잠시 생각에 잠겼다가 차분한 목소리로 대답했다.
"맞아, 고통은 누구도 피할 수 없는 삶의 일부야. 육체적인 고통이든 감정적인 고통이든, 인간이라면 누구나 겪게 되지. 중요한 건 그 고통을 어떻게 바라보고 대하느냐에 있어. 많은 사람들이 고통을 피하려고 하거나 부정하려고 하지만, 그것은 오히려 더 큰 괴로움으로 이어질 뿐이야."
아들은 고개를 끄덕였다.
"그렇다면, 고통을 어떻게 받아들여야 할까요?"
아버지는 잠시 미소를 지으며 설명을 이어갔다.
"먼저 고통을 인정하는 것이 중요해. 불교에서는 '고苦'가 삶의 본질이라고 가르쳐. 고통이 있다는 사실을 부정하지 말고, 그것을 있는 그대로 받아들이는 것이 첫 번째 단계야. 우리가 고통을 부정할 때, 그 고통은 오히려 우리를 더 강하게 지배하려고 해. 하지만 고통을 인정하고 수용하면, 더 이상 그것에 휘둘리지 않게 되지."

아들은 그 말이 의미심장하게 다가왔다.

"그렇다고 해서 고통을 수용하는 것만으로 끝나는 것은 아닐 것 같은데요. 그 후에는 어떻게 해야 하나요?"

아버지는 고개를 끄덕이며 대답했다.

"맞아. 고통을 수용한 후에는 그것을 초월하는 방법을 찾아야 해. 초월이란 고통을 없애는 것이 아니라, 그 고통과 함께 살아가는 법을 배우는 것이야. 다시 말해, 고통을 피하려 하기보다는 그것을 삶의 일부로 받아들이고, 그 안에서 더 큰 의미를 찾는 것이지."

아들은 그 말을 듣고 고통을 초월하는 것이 단순히 회피하는 것이 아님을 이해하게 되었다.

"그럼, 고통을 초월하는 과정에서는 어떤 자세가 필요할까요?"

아버지는 깊은 눈빛으로 아들을 바라보며 말했다.

"중요한 건 마음의 자세야. 고통을 두려워하지 않고, 그 안에서 새로운 성장을 경험하는 것이 초월의 본질이야. 고통을 무조건 없애려 하거나 피하는 대신, 그것이 우리에게 가르치는 것을 배우고, 그 과정에서 스스로 더 단단해질 수 있어야 해. 고통은 우리를 무너뜨릴 수도 있지만, 동시에 우리를 더 강하게 만들 수도 있거든."

아들은 이제 고통을 초월하는 것이 무엇을 의미하는지 깨닫기 시작했다. 고통을 부정하거나 피하는 대신, 그 안에서 배움을 찾고 성장하는 것이야말로 진정한 초월이라는 사실이 그에게 깊은 울림으로 다가왔다.

"결국, 고통을 통해 성장하는 법을 배운다면, 고통은 오히려 삶을 더 풍부하게 만들어주는 것이군요."

아버지는 미소를 지으며 고개를 끄덕였다.

"맞아. 고통은 피할 수 없는 것이지만, 우리가 그것을 어떻게 받아들이고, 그 안에서 어떤 의미를 찾느냐에 따라 우리의 삶은 달라질 수 있어. 고통을 넘어서는 것은 고통을 없애는 것이 아니라, 그 안에서 진정한 자유를 찾는 것이야."

아버지는 차를 한 모금 마시며 아들을 바라보았다. 아들은 깊은 생각에 잠긴 듯했다. 아버지는 조용히 말을 이어갔다.

"사람들은 고통을 두려워하고 피하려고만 하지. 하지만 고통은 결국 우리를 성장하게 하는 도구야. 고통이 없으면 우리는 진정한 깨달음에 도달할 수 없어. 고통이 없으면 성장도, 배움도 존재하지 않거든."

아들은 아버지의 말을 곱씹었다.

"하지만 아버지, 고통이 너무 클 때는 어떻게 해야 하나요? 정말 감당할 수 없을 정도의 고통이 찾아온다면요?"

아버지는 깊은 눈빛으로 아들을 바라보았다.

"그럴 때는 고통을 견디려 하지 말고, 그 고통을 그냥 그대로 느끼는 거야. 고통을 밀어내려고 할수록 고통은 더 커져. 고통을 외면하지 말고 그대로 마주하면, 그 고통은 점차 사라지기 시작할 거야. 고통은 결국 우리 마음의 저항에서 오는 경우가 많거든. 받아들이는 순간 고통은 더 이상 우리를 지배하지 못해."

아들은 조용히 고개를 끄덕였다.

"저항하지 말고 고통을 그냥 받아들인다는 거군요."

아버지는 미소를 지으며 말했다.

"그래. 마치 물에 빠졌을 때 몸에 힘을 빼면 자연스럽게 떠오르는 것처럼, 고통에 저항하지 않고 힘을 빼면 고통은 점차 사라져. 그리고 그때 우리는 비로소 고통을 초월할 수 있어."

아들은 그 말을 들으며 마음이 편안해지는 것을 느꼈다.

"그럼 고통을 초월한다는 건 고통이 완전히 사라지는 상태가 아니라,

고통을 받아들이고 그와 함께 평온해지는 상태인 거군요."
아버지는 조용히 고개를 끄덕였다.
"맞아. 고통이 완전히 사라지지는 않아. 하지만 고통이 더 이상 너를 괴롭히지 않게 돼. 너는 고통을 느끼되, 그 고통에 휘둘리지 않게 되는 거지. 그것이 바로 초월의 상태야."
아들은 그 말을 듣고 자신의 삶을 돌아보았다.
지금까지 그는 고통을 피하려고만 했다.
고통을 느낄 때마다 외면했고, 그것을 없애려 애썼다.
하지만 아버지의 말을 들으며 그는 깨달았다.
고통은 피할 수 없는 것이 아니라, 받아들이고 함께 살아가야 하는 것임을.
고통을 받아들일 때, 그는 더 강해질 수 있을 것이다.
아버지는 아들의 어깨를 부드럽게 두드리며 말했다.
"고통은 삶의 일부야. 그리고 너는 그 고통을 통해 더 강해질 수 있어. 고통은 너를 무너뜨리기 위해 오는 게 아니야. 너를 성장시키기 위해 오는 거지."
아들은 고개를 끄덕이며 미소 지었다.
"아버지, 이제 알 것 같아요. 고통은 사라지지 않더라도, 제가 그 고통에 휘둘리지 않으면 되는 거죠?"
아버지는 빙그레 웃으며 말했다.
"맞아. 고통은 너의 일부가 될 수 있어. 하지만 그것이 너를 정의하게 두지는 마라. 너는 고통보다 더 크니까."
아들은 하늘을 올려다보았다.
어느새 저녁 하늘이 노을로 물들어 있었다.
노을의 붉은빛이 하늘을 감싸는 그 순간,

그는 마음속 깊이 고요함이 깃드는 것을 느꼈다.
고통은 여전히 존재할 것이다.
하지만 이제 그는 두렵지 않았다.
그 고통과 함께 살아갈 힘이 자신에게 있다는 것을 깨달았기 때문이다.
바람이 부드럽게 불어왔다.
그는 미소를 지으며 말했다.
"아버지, 저 이제 괜찮을 것 같아요."
아버지는 조용히 고개를 끄덕였다.
"그래. 넌 이제 괜찮아질 거야."
그 순간, 아들은 고통을 넘어서는 법을 깨달았다.
바로 지금, 바로 여기에서.

8.2 존재의 이유에 대한 성찰

아들은 고통이 삶의 일부라는 사실을 받아들이면서도, 여전히 마음 한 구석에는 풀리지 않는 의문이 남아 있었다.
"왜 인간은 고통을 겪어야만 하는가?"
살면서 크고 작은 고통을 피할 수 없다면, 그것은 단순히 불가피한 운명일까?
그렇다면 인간은 왜 그런 운명을 받아들여야 하는 것일까?
그는 아버지가 이 질문에 답해줄 수 있을 것 같다는 생각이 들었다.
아버지는 항상 삶의 본질을 깊이 이해하고 있는 사람처럼 보였다.
그래서 그는 아버지에게 조심스럽게 질문을 던졌다.
"아버지, 고통이 삶의 일부라면, 왜 우리가 이런 고통을 겪어야만 할까요? 존재의 이유에 대해 한 번쯤 생각하게 되는 것 같아요."
아버지는 아들의 질문에 조용히 귀를 기울였다.
그는 잠시 눈을 감은 채 깊이 생각에 잠긴 듯했다.
아버지의 표정에는 세월의 무게와 그 안에서 깨달은 통찰이 담겨 있었다.
마치 자신도 이 질문을 오랜 시간 고민하고, 마침내 그 답에 가까이 다다른 사람처럼 보였다.
잠시 후 아버지는 눈을 떴다.
그의 눈빛은 차분하면서도 깊었다.
그는 부드럽고 조용한 목소리로 대답했다.

"존재의 이유에 대한 질문은 인간이라면 누구나 한 번쯤은 하게 되는 질문이야.
철학자들과 종교 지도자들도 이 문제를 두고 오랫동안 고민해 왔지.
우리가 왜 태어났는지, 왜 살아가야 하는지, 삶의 의미가 무엇인지…
이 질문들은 인류의 역사만큼이나 오래된 것들이야.
아마 우리가 인간으로 태어난 이상, 이 질문에서 완전히 벗어날 수는 없을 거야."
아들은 아버지의 말을 조용히 곱씹었다.
자신도 그런 질문을 던졌던 순간들이 떠올랐다.
특히 힘든 시기를 겪고 있을 때,
그는 스스로에게 수없이 물었다.
"내가 왜 이런 고통을 겪어야 하지?"
"내가 왜 여기서 살아가고 있는 거지?"
아버지는 말을 이었다.
"어쩌면 고통이 없으면 우리는 존재의 이유에 대해 깊이 생각하지 않을지도 몰라.
고통은 우리에게 '왜'라는 질문을 던지게 만들고,
우리가 왜 여기 있는지, 무엇을 위해 살아가는지를 더 깊이 성찰하게 만들어."
아들은 그 말에 깊이 공감했다.
행복하고 편안할 때는 그런 질문을 던지지 않았다.
삶이 평온할 때는 그냥 흘러가는 대로 살았다.
하지만 고통이 찾아왔을 때는 달랐다.
고통은 그에게 존재의 의미를 묻게 했고,
삶의 방향을 다시 점검하게 만들었다.

"그렇다면 존재의 이유를 찾는 게 중요한 이유는 무엇일까요?"
아버지는 조용히 고개를 끄덕이며 말을 이어갔다.
"존재의 이유를 찾는 것은 우리 삶의 방향성을 결정하는 중요한 기준이 돼.
삶이 평탄할 때는 이런 질문이 중요하게 느껴지지 않아.
하지만 고통이 찾아오면 우리는 흔들리게 돼.
그럴 때 '나는 왜 여기에 있는가?', '내 삶의 목적은 무엇인가?'라는 질문이 너를 바로 세워 주는 역할을 하게 돼."
아들은 그 말이 마음에 와닿았다.
삶이 흔들릴 때마다 자신을 지탱해준 것은 바로 그 질문이었다.
자신이 왜 살아가야 하는지를 되묻는 순간,
그는 자신이 나아가야 할 방향을 찾을 수 있었다.
"하지만 그 답을 찾는 게 쉽지는 않을 것 같아요. 우리는 언제 그 답을 알 수 있을까요?"
아버지는 미소를 지으며 말했다.
"그 답은 사실 절대적인 것이 아니야.
사람마다 다르고, 삶의 각 순간마다 달라질 수도 있어.
네가 열 살 때 생각한 삶의 의미와
지금 네가 느끼는 삶의 의미는 다를 수 있듯이 말이야.
중요한 건 그 답을 찾으려는 과정 자체야."
"답을 찾으려는 과정이요?"
"그래. 우리는 살아가면서 끊임없이 존재의 이유를 탐구하게 돼.
그리고 때로는 그 이유가 변하기도 해.
삶의 상황이 변하고, 나이가 들고, 깨달음의 깊이가 깊어지면
그때마다 삶의 이유도 함께 변화하는 거야.

하지만 고통은 우리가 그 질문을 던지게 하는 계기가 돼.
만약 고통이 없다면, 우리는 그 질문을 던질 기회조차 없을지도 몰라."
아들은 깊은 깨달음이 찾아오는 것을 느꼈다.
고통은 단순히 견뎌야 하는 괴로움이 아니라,
자신의 존재 이유를 찾게 해주는 중요한 기회라는 사실을 깨달았다.
고통은 자신이 삶에서 어떤 의미를 찾고 있는지를
되돌아보게 만들어 주는 선생님과도 같았다.
"결국, 고통이 없었다면 우리가 존재의 이유를 찾으려는 질문 자체를
던지지 않았을지도 모르겠군요."
아버지는 고개를 끄덕이며 말했다.
"맞아. 고통이란 우리가 존재의 이유를 탐구할 기회를 주는 선생님과
같아.
고통을 겪는 동안 우리는 흔들리기도 하고, 길을 잃기도 해.
하지만 그 과정에서 우리의 삶을 다시 돌아보고,
왜 우리가 이곳에 있는지를 스스로 발견하게 되지."
"존재의 이유가 단순히 외부에서 주어지는 것이 아니라는 뜻이군요."
"그렇지. 존재의 이유는 네가 외부에서 찾는 것이 아니야.
그건 네 안에 이미 존재하고 있어.
고통은 그 이유를 꺼내주는 역할을 하는 거야.
고통이 우리를 성장하게 하고,
더 깊이 생각하게 만들고,
삶을 더 풍부하게 만들어 주는 거지."
아들은 조용히 고개를 끄덕였다.
그는 이제 고통이 단순히 참아야 할 대상이 아니라는 것을 깨달았다.
고통은 삶의 의미를 찾는 열쇠가 될 수 있었다.

그것을 받아들이고 초월할 수 있다면,
그는 진정으로 자유로워질 수 있을 것이었다.
아버지는 조용히 덧붙였다.
"고통이 너를 무너뜨릴지, 너를 성장시킬지는 네가 선택하는 거야.
고통을 삶의 일부로 받아들이고, 그 안에서 의미를 찾으면 고통은 너의 힘이 될 거야."
아들은 아버지의 말을 깊이 새겼다.
그는 더 이상 고통이 두렵지 않았다.
고통은 이제 자신이 성장하는 과정의 일부라는 것을 이해했기 때문이다.
그는 미소를 지으며 말했다.
"아버지, 이제 알 것 같아요.
고통이 사라지지 않더라도, 저는 그 고통에서 의미를 찾을 거예요."
아버지는 조용히 고개를 끄덕였다.
"그래, 넌 해낼 수 있어.
그게 바로 존재의 이유를 찾는 길이니까."
그 순간 아들은 마음 깊이 평온이 찾아오는 것을 느꼈다.
고통은 여전히 존재할 것이었다.
하지만 그는 이제 그것을 견뎌낼 힘이 자신 안에 있음을 깨달았다.
그것이 바로 존재의 이유였다.

8.3 괴로움을 넘어선 평온

아들은 고통을 수용하고 초월하는 과정에 대해 깊이 생각해 보았다. 고통은 누구도 피할 수 없는 삶의 일부라는 것을 받아들이면서도, 그는 문득 궁금해졌다.
"고통을 넘어선 다음에는 무엇이 있을까?"
만약 고통을 초월할 수 있다면, 그 끝에는 평온이 기다리고 있을까?
아니면 고통의 끝에는 또 다른 고통이 찾아오는 것일까?
그는 이 질문에 대한 답을 찾고 싶었다.
그동안 그는 삶에서 여러 가지 형태의 고통을 경험했다.
실패에서 오는 좌절감, 사랑하는 사람과의 이별에서 오는 상실감,
누군가에게 받은 상처에서 오는 아픔…
그 모든 고통이 끝난 뒤에도 마음속에는 여전히 어떤 공허함이 남아 있었다.
고통이 사라지면 평온이 찾아와야 할 것 같았지만,
현실은 그렇지 않았다.
그래서 그는 아버지에게 조심스럽게 질문을 던졌다.
"그렇다면, 아버지. 고통을 넘어서 결국 우리가 도달할 수 있는 것은 무엇일까요?
고통이 끝난 후엔 정말 평온이 올 수 있을까요?"
아버지는 아들의 질문을 들으며 깊은 생각에 잠긴 듯했다.

그의 눈빛에는 오랜 세월 동안 고통을 겪고,
그 안에서 깨달음을 얻은 사람만이 가질 수 있는 깊은 지혜가 담겨 있었다.
잠시 침묵이 흐른 뒤, 아버지는 차분한 목소리로 입을 열었다.
"고통을 넘어서면 우리는 평온에 이를 수 있어.
하지만 그 평온은 고통이 완전히 사라져서 오는 것이 아니야.
오히려 고통을 받아들이고, 그것과 함께 살아갈 수 있는 능력에서 오는 거지.
삶에서 고통을 완전히 없앨 수는 없어.
하지만 그 고통을 두려워하지 않고, 있는 그대로 받아들일 수 있을 때 우리는 그 너머의 평온을 경험하게 되는 거야."
아들은 아버지의 말을 조용히 곱씹었다.
고통이 완전히 사라지지 않더라도 평온을 느낄 수 있다는 말이 마음에 와 닿았다.
그는 그동안 평온을 고통의 반대 개념으로 생각해 왔다.
고통이 끝나야 평온이 온다고 믿었다.
하지만 아버지의 말은 전혀 다른 의미였다.
고통이 사라져야 평온이 오는 것이 아니라, 고통과 함께 평온을 찾는 것 ― 그것이 진정한 평온의 상태라는 뜻이었다.
그는 조심스럽게 다시 물었다.
"그럼 평온은 외부에서 얻는 것이 아니라, 내면에서 찾아야 하는 건가요?"
아버지는 고개를 끄덕이며 설명을 이어갔다.
"맞아. 평온은 외부의 상황에 의존하지 않아.
외부의 조건이 아무리 불완전하고 고통스러워도,
그 안에서 내면의 평온을 찾는 것이 진정한 깨달음이야.

불교에서 말하는 '열반涅槃'도 그런 상태를 말해.
괴로움과 집착을 완전히 내려놓은 상태,
고통을 초월한 마음의 자유가 바로 그 평온이야."
아들은 깊이 생각에 잠겼다.
그는 자신이 지금까지 평온을 잘못 이해하고 있었다는 것을 깨달았다.
평온이란 마치 폭풍이 완전히 사라진 뒤의 고요한 상태와 같은 것이라고 생각했었다.
하지만 아버지의 말은 달랐다.
폭풍이 여전히 몰아치고 있어도,
그 안에서 중심을 잡고 흔들리지 않는 상태 —
그것이 진정한 평온이라는 뜻이었다.
"그렇다면 평온은 상황이 아니라, 마음의 상태군요."
"그렇지. 마음의 상태야."
아버지는 조용히 고개를 끄덕였다.
"고통이 찾아오더라도 그것을 밀어내지 않고 받아들이는 마음,
그것을 통해 배움을 얻고 성장하는 마음 —
그 마음에서 평온은 자연스럽게 따라오게 돼."
아들은 자신이 힘들었던 순간을 떠올렸다.
자신은 고통을 없애려고만 했었다.
고통을 피하려 했고, 고통이 사라지기만을 바랐다.
하지만 아버지의 말대로라면 그것이 오히려 고통을 더 키우는 원인이었다.
고통은 피하려 할수록 더 커지고,
그것을 받아들이는 순간 고통은 점차 힘을 잃게 되는 것이었다.
"그러면, 고통을 넘어서 평온에 이르는 길은 결국,

우리가 고통을 피하려고 하는 대신, 그것을 수용하고 초월하는 과정이
겠군요."
아버지는 미소를 지으며 고개를 끄덕였다.
"맞아. 고통을 받아들이는 데서 시작해,
그것을 초월하고, 그로 인해 내면의 평온을 찾는 것이야.
이 과정이 바로 삶의 여정이기도 해."
"하지만 그 과정이 너무 어렵게 느껴져요.
우리가 평온에 도달할 수 있다는 확신이 없다면
그 길을 계속 걸어갈 수 있을까요?"
아버지는 미소를 지으며 말했다.
"그 확신은 처음에는 없어.
하지만 고통을 받아들이기 시작할 때,
너는 그 안에서 점차 너의 중심을 발견하게 될 거야.
그리고 네가 흔들리지 않는 중심을 발견한 순간,
평온은 저절로 따라오게 돼."
아들은 아버지의 말을 듣고 마음이 편안해지는 것을 느꼈다.
그동안 그는 평온을 얻으려면 고통에서 벗어나야 한다고 생각했었다.
하지만 이제 그는 깨달았다.
평온이란 고통에서 벗어나는 것이 아니라,
고통 속에서도 흔들리지 않는 상태에서 오는 것이었다.
"결국 평온이란 고통을 없애는 것이 아니라,
고통이 나를 지배하지 않도록 하는 상태라는 거군요."
"정확해. 고통은 여전히 존재하지만,
너의 내면은 더 이상 그 고통에 흔들리지 않게 되는 상태 —
그것이 바로 진정한 평온이야."

아들은 조용히 고개를 끄덕였다.
그는 이제 고통을 두려워하지 않기로 했다.
고통이 찾아오더라도 그것을 있는 그대로 받아들이고,
그 안에서 자신만의 중심을 찾기로 했다.
아버지는 아들의 어깨를 부드럽게 두드리며 말했다.
"고통을 초월하고 평온에 이르려면 시간이 필요해.
하지만 너는 해낼 수 있을 거야."
아들은 미소를 지었다.
그는 이제 깨달았다.
고통이 사라지지 않더라도 괜찮다는 것을.
고통이 여전히 존재하더라도,
그는 더 이상 두려워하지 않을 것이었다.
그의 내면에 중심이 생겼기 때문이다.
그 순간, 그는 마음 깊은 곳에서 잔잔한 평온이 피어오르는 것을 느꼈다.
바람이 불고 있었지만,
그의 마음은 고요하고 평화로웠다.
바로 지금, 바로 이 순간 —
그는 괴로움을 넘어선 평온을 경험하고 있었다.

9. 아버지의 마지막 가르침

삶과 죽음의 이중성을 이해하고, '아무것도 아닌 것'에서 해방됨으로써 우리는 진정한 자유를 찾을 수 있다. 아버지는 아들에게 마지막으로 '지금 이 순간을 살라'는 가르침을 남기며, 그가 깨달은 삶의 궁극적인 진리를 전달한다.

9.1 삶과 죽음의 이중성

아들은 아버지와 오랫동안 죽음에 대해 이야기해 왔지만, 여전히 삶과 죽음이 어떻게 연결되는지 명확하지 않았다.
삶이 시작되면 언젠가 끝이 온다는 사실은 이해하고 있었지만,
죽음이 단순히 끝이라면 왜 우리는 삶에서 의미를 찾고, 고통을 받아들이며, 성장해 나가야 하는 것일까?
그는 삶의 의미를 찾아가는 과정에서 자연스럽게 죽음의 의미를 찾고 있었고,
그 끝에 어떤 진리가 있는지 궁금했다.
죽음이 끝이 아니라면,
삶과 죽음은 과연 어떤 관계일까?
그는 아버지에게 다시 한 번 질문을 던졌다.
"아버지, 우리가 죽음에 대해 계속 이야기해 왔지만,
여전히 삶과 죽음이 어떻게 연결되는지 명확하지 않아요.
삶과 죽음의 관계를 다시 설명해 주실 수 있을까요?"
아버지는 미소를 지으며 아들의 질문을 조용히 받아들였다.
그의 눈빛에는 깊은 평온함이 깃들어 있었다.
마치 죽음에 대한 두려움을 이미 초월한 사람처럼 보였다.
잠시 침묵이 흐른 뒤, 아버지는 차분한 목소리로 대답했다.
"물론이지. 삶과 죽음은 우리가 흔히 생각하는 것처럼

완전히 분리된 것이 아니야.
많은 사람들은 삶을 살고,
그 끝에 죽음이 온다고 생각하지.
마치 하나가 끝나고 다른 하나가 시작되는 것처럼 말이야.
하지만 실상은 그렇지 않아."
아들은 아버지의 말을 곱씹으며 고개를 갸웃했다.
"그럼 삶과 죽음이 분리된 것이 아니라는 뜻인가요?"
아버지는 고개를 끄덕이며 설명을 이어갔다.
"삶과 죽음은 동전의 양면과 같아.
동전의 앞면만 보고 있으면 뒷면이 사라진 것처럼 보이겠지.
하지만 그 동전은 앞면과 뒷면이 동시에 존재할 때 완전해져.
삶과 죽음도 마찬가지야.
삶이 없으면 죽음도 없고, 죽음이 없으면 삶도 없어."
아들은 그 말이 생소하면서도 흥미로웠다.
삶은 분명 살아가는 과정이고,
죽음은 그 끝에서 맞이하게 되는 완전한 정지 상태라고 생각해 왔다.
하지만 아버지의 말은 그 생각을 완전히 뒤엎는 것이었다.
"삶과 죽음이 하나라면,
그걸 어떻게 받아들여야 할까요?"
아버지는 고개를 끄덕이며 말을 이었다.
"그걸 깨닫는 것이 바로 삶과 죽음을 초월하는 첫걸음이야.
죽음은 삶의 끝이 아니고, 삶 속에 이미 죽음이 존재하고 있거든."
아들은 이해가 되지 않았다.
"삶 속에 죽음이 존재한다고요?"
"그래. 우리는 매 순간 작은 죽음을 경험하고 있어.

변화가 바로 그 죽음이야.
이 순간도 지나가고 나면 다시는 돌아오지 않아.
그게 바로 무상함無常이야."
아버지는 잠시 침묵했다가 말을 이어갔다.
"예를 들어보자.
봄이 오면 꽃이 피지.
하지만 그 꽃은 언젠가 시들어 떨어져.
그렇다고 해서 봄이 무의미한 것은 아니야.
꽃이 시들어 떨어지는 과정 자체가 자연의 순리야.
삶도 마찬가지야.
우리는 매 순간 태어나고, 매 순간 죽어가고 있어.
너는 오늘의 네가 어제의 너와 같다고 생각하겠지?
하지만 실상은 어제의 너는 이미 사라졌어.
지금의 너는 어제와 다른 존재야.
그것이 바로 삶 속에 있는 작은 죽음이야."
아들은 아버지의 말을 듣고 마음속에서 무언가가 풀리는 느낌이 들었다.
그는 마치 삶과 죽음의 경계가 흐려지는 것을 느꼈다.
삶 속에서 매 순간 변화를 경험하고,
그 변화가 곧 작은 죽음이라면,
죽음은 두려운 것이 아니라 자연스러운 흐름일지도 몰랐다.
"그렇다면 우리가 죽음에 대해 두려움을 가질 필요는 없다는 말씀이군요."
아버지는 미소를 지으며 고개를 끄덕였다.
"맞아.
죽음은 삶의 끝이 아니야.
삶과 죽음은 따로 존재하는 것이 아니라,

서로 얽혀 있는 하나의 흐름이야.
마치 숨을 들이쉬고 내쉬는 것처럼 말이야.
우리가 숨을 들이쉬고 내쉴 때마다
삶과 죽음은 반복되고 있어.
숨을 들이쉬는 순간은 삶이고,
숨을 내쉬는 순간은 죽음이야."
아들은 깊이 숨을 들이쉬었다가 천천히 내쉬었다.
그는 그 순간 자신이 삶과 죽음의 흐름 안에 있다는 것을 느꼈다.
삶과 죽음이 서로 연결된 상태에서 존재하고 있다는 감각이 찾아왔다.
"그렇다면 죽음이란 삶의 연장이네요."
아버지는 빙그레 웃으며 고개를 끄덕였다.
"맞아. 죽음은 삶의 끝이 아니라,
삶의 자연스러운 연장일 뿐이야.
밤이 지나고 아침이 오는 것처럼,
겨울이 지나고 봄이 오는 것처럼,
죽음도 그저 삶의 또 다른 형태로 넘어가는 과정일 뿐이야."
아들은 한동안 침묵했다.
그는 자신의 삶을 돌아보았다.
삶은 고통의 연속이었고,
그 고통이 끝나면 비로소 평온이 찾아올 것이라고 생각했다.
하지만 아버지의 말대로라면
삶과 죽음은 단절된 것이 아니라 연결된 것이었다.
삶이 있기에 죽음이 존재하고,
죽음이 있기에 삶의 의미가 생기는 것이었다.
"그럼 우리가 삶에서 해야 할 일은 무엇인가요?"

아버지는 조용히 말했다.
"삶에서 해야 할 일은 오직 하나야.
지금 이 순간을 온전히 살아가는 것.
삶 속에 죽음이 있다는 사실을 받아들이면,
우리는 두려움에서 벗어날 수 있어.
그리고 그 두려움에서 벗어나면 비로소 삶을 온전히 살 수 있어."
아들은 깊이 고개를 끄덕였다.
그는 이제 죽음을 두려워하지 않기로 했다.
삶 속에 죽음이 함께 존재한다는 사실을 받아들이면,
삶은 더욱 소중해지고,
지금 이 순간은 더욱 명확해질 것이다.
아버지는 아들을 바라보며 조용히 말했다.
"삶과 죽음은 하나의 흐름이야.
삶을 온전히 살면,
죽음도 두렵지 않을 거야."
아들은 조용히 눈을 감았다.
그의 마음에는 평온함이 찾아왔다.
삶과 죽음이 하나의 흐름으로 연결되어 있다는 사실이
그를 더 강하고 자유롭게 만들고 있었다.
그는 깊이 숨을 들이마셨다.
그리고 천천히 내쉬었다.
삶과 죽음의 흐름 안에서 ―
그는 완전한 평온을 경험하고 있었다.

9.2 아무것도 아닌 것에서의 해방

아들은 아버지가 자주 사용하던 '아무것도 아닌 것'이라는 표현에 대해 오래전부터 궁금증을 가지고 있었다.
아버지는 삶의 중요한 순간마다 이 표현을 사용하곤 했다.
삶이 힘들어질 때, 아버지는 늘 이렇게 말했다.
"결국 아무것도 아니야."
슬플 때도, 화가 날 때도, 두려울 때도 아버지는 같은 말을 반복했다.
아들은 그때마다 아버지의 말을 이해할 수 없었다.
분명히 자신은 힘들고 괴로운데,
그것이 아무것도 아니라는 말이 어떻게 위로가 될 수 있는 것일까?
그는 아버지가 말하는 '아무것도 아닌 것'의 의미를 명확하게 알고 싶었다.
그것이 단순히 마음의 평정을 위한 표현인지,
아니면 삶의 본질에 대한 어떤 깊은 통찰이 담긴 것인지 궁금했다.
어느 날 아들은 아버지와 깊은 대화를 나누던 중,
그 의문을 명확히 하고 싶어졌다.
그래서 그는 조심스럽게 물었다.
"아버지, '아무것도 아닌 것'이라는 표현을 자주 쓰셨는데,
그게 무슨 뜻인지 아직도 잘 이해되지 않아요.
그것이 단순히 위로의 말인가요, 아니면 그 너머에 다른 의미가 있는

건가요?"
아버지는 조용히 아들의 눈을 바라보았다.
그의 눈빛에는 깊은 이해와 자비가 담겨 있었다.
아버지는 미소를 지으며 차분히 대답했다.
"아무것도 아닌 것이란,
우리가 집착하고 애쓰는 많은 것들이
사실은 본질적으로 아무것도 아니라는 걸 말하는 거야."
아들은 아버지의 말이 쉽게 와닿지 않았다.
그는 다시 되물었다.
"아무것도 아니라니요?
우리가 살아가면서 성취하려고 노력하는 것들,
명예, 돈, 성공, 사랑…
그 모든 것이 아무것도 아니라는 뜻인가요?"
아버지는 고개를 끄덕이며 설명을 이어갔다.
"그래.
우리는 삶에서 많은 것을 성취하고 소유하려고 노력해.
좋은 성적을 얻기 위해 노력하고, 돈을 벌기 위해 애쓰고,
사랑을 얻기 위해 마음을 다해 다가가고,
명예를 얻기 위해 자신을 채찍질하지.
하지만 그 모든 것이 결국엔 사라져.
명예는 시간이 지나면 잊히고,
돈은 언젠가 다 써버리게 되고,
사랑도 변할 수 있어.
그 모든 것이 결국 일시적인 거야.
완전히 우리 것이 될 수는 없어."

아들은 혼란스러웠다.
"하지만 우리가 성취하고 소유하려는 노력이 의미 없다는 뜻인가요?"
아버지는 부드러운 미소를 지으며 고개를 저었다.
"아니, 의미 없는 게 아니야.
중요한 건 그것에 집착하지 않는 거야.
그것들이 본질적으로 아무것도 아니라는 걸 깨닫는 순간,
우리는 더 이상 그것에 매달리지 않게 돼.
결국 우리가 얻으려는 것들은 허상일 수 있어.
하지만 그 과정에서 우리가 얻는 깨달음,
우리가 경험하는 감정 ―
그것은 진짜야."
아들은 여전히 혼란스러웠다.
그는 조심스럽게 다시 물었다.
"그렇다면 우리가 추구하는 모든 것이 결국 허상이라면,
그것을 왜 애써서 얻으려 하나요?"
아버지는 고개를 끄덕이며 대답했다.
"그것을 얻으려는 과정에서 우리는 성장하기 때문이야.
하지만 중요한 건 결과가 아니야.
결과에 집착하는 순간, 우리는 고통에서 벗어날 수 없어.
하지만 과정 자체에서 의미를 찾고,
결과를 내려놓을 수 있다면 우리는 자유로워질 수 있어."
아들은 그제야 조금씩 아버지의 말을 이해하기 시작했다.
명예나 성공, 사랑, 성취…
그 자체가 허상이라기보다,
그것에 집착하는 마음이 고통을 만들어내는 것이었다.

"그렇다면, 우리가 아무것도 아닌 것에서 벗어나기 위해서는 어떻게 해야 하나요?"

아버지는 부드러운 눈빛으로 아들을 바라보았다.

"바로 내려놓는 것이야.

네가 얻으려 했던 것을 얻지 못했을 때,

그것을 놓아버릴 수 있어야 해.

사랑이 떠나갔을 때,

명예가 사라졌을 때,

성공이 실패로 바뀌었을 때 —

그때 그것을 미련 없이 놓아버릴 수 있어야 해.

'아무것도 아닌 것'에서 해방된다는 건,

그 모든 것에서 자유로워지는 것을 의미해."

아들은 아버지의 말을 들으며 자신이 했던 실수를 떠올렸다.

그는 실패를 받아들이지 못하고 좌절했었다.

사랑을 잃었을 때는 상실감에 빠져 자신을 탓했다.

결과가 기대에 미치지 못할 때는 자신을 비난했다.

그는 자신의 가치가 성취에 달려 있다고 생각했다.

하지만 아버지의 말대로라면,

성취는 그저 과정일 뿐이었다.

그것이 사라졌다고 해서 자신이 사라지는 것은 아니었다.

"결국 우리가 성취를 얻으려는 과정에서 느끼는 감정은 진짜지만,

그 결과에 집착할 필요는 없다는 말씀이군요."

아버지는 빙그레 웃으며 고개를 끄덕였다.

"맞아.

그 결과가 성공이든 실패든,

그것은 결국 아무것도 아니야.
그것이 사라진다고 해서 너의 존재가 사라지는 건 아니니까."
아들은 자신이 그동안 얼마나 많은 집착 속에서 살아왔는지 깨달았다.
성공에 대한 집착, 사랑에 대한 집착,
사람들의 인정에 대한 집착…
그것이 사라지면 자신이 무너질 거라고 생각했었다.
하지만 그것들은 모두 일시적인 것이었다.
진짜 자신의 본질은 그 너머에 있었다.
"결국, 해방은 외부에서 오는 것이 아니라,
우리 마음속에서 시작된다는 말씀이군요."
아버지는 미소를 지으며 고개를 끄덕였다.
"맞아.
해방은 외부의 조건에 의존하지 않아.
우리가 '아무것도 아닌 것'에 집착하지 않을 때,
비로소 진정한 자유를 얻게 되는 거야.
집착을 내려놓고, 그 순간을 온전히 살아가는 것이야말로
가장 큰 해방이지."
아들은 그동안 자신이 쥐고 있었던 것들을 하나둘 마음속에서 놓아버렸다.
완전히 놓아버리니 마음이 가벼워지는 것을 느꼈다.
그는 처음으로 진정한 자유가 무엇인지 깨닫기 시작했다.
아버지는 마지막으로 말했다.
"결국, 모든 것은 아무것도 아니야.
그 사실을 받아들이는 순간, 너는 완전히 자유로워질 거야."
아들은 눈을 감았다.

9. 아버지의 마지막 가르침 **139**

마음이 고요해졌다.

이제 그는 두렵지 않았다.

그는 '아무것도 아닌 것'에서 해방된 상태에 도달하고 있었다.

9.3 아버지가 전하고자 하는 최후의 메시지

아들은 그동안 아버지와 나눈 많은 대화 속에서 삶과 죽음, 그리고 깨달음에 대한 깊은 통찰을 얻었다.
고통을 받아들이는 법,
고통을 초월하고 평온을 찾는 법,
삶과 죽음의 연결성을 이해하고,
집착에서 벗어나는 해방의 상태에 도달하는 법까지 ―
그는 아버지로부터 너무나도 많은 가르침을 받았다.
그런데도 여전히 마음 한편에 채워지지 않는 공허함이 남아 있었다.
그는 깨달음에 다가가고 있다는 것을 느끼면서도,
그 마지막 퍼즐 한 조각이 무엇인지 알 수 없었다.
그것은 마치 삶의 궁극적인 진리처럼 느껴졌다.
지금까지 깨달은 모든 것의 근원에 있는 진리.
그 진리를 마지막으로 아버지에게 듣고 싶었다.
아들은 아버지가 자신에게 마지막으로 남기고 싶은 메시지가 무엇인지 알고 싶었다.
그 메시지가 그의 인생에서 나침반이 되어 줄 것임을 직감하고 있었다.
그래서 그는 조용히 아버지를 바라보며 물었다.
"아버지, 그동안 많은 이야기를 해 주셨는데,
아버지께서 나에게 남기고 싶은 가장 중요한 마지막 메시지는 무엇인가요?"
아버지는 아들의 질문을 들으며 잠시 눈을 감았다.
그리고 천천히 숨을 들이쉬었다.
그의 얼굴에는 고요하고 평온한 미소가 번졌다.
마치 오랜 시간 동안 가슴 깊이 간직해 온 비밀을
이제야 꺼내놓으려는 듯했다.
잠시 침묵이 흐른 뒤, 아버지는 조용히 입을 열었다.
"아들아, 내가 너에게 전하고 싶은 것은 아주 간단해.
'지금 이 순간을 온전히 살아라.'"
아들은 그 말에 순간 가슴이 울리는 것을 느꼈다.
너무나도 단순한 말이었다.
그러나 그 말 속에 담긴 깊이는 측정할 수 없었다.
아버지는 조용히 말을 이어갔다.
"우리는 늘 과거의 후회나 미래의 불안 속에서 살아가.
사람들은 과거에 매달리고, 미래를 걱정하면서 현재를 놓쳐버리지.
하지만 과거는 이미 사라진 것이고,
미래는 아직 오지 않은 것이야.
실제로 존재하는 것은 오직 지금 이 순간뿐이야.
네가 과거의 실수에서 벗어나지 못하거나,
미래에 대한 불안 때문에 현재의 삶을 놓쳐버린다면,
너는 결코 삶의 본질에 닿을 수 없어.
지금 이 순간에 집중해야 해.
지금 이 순간에 모든 진리가 담겨 있어."
아들은 아버지의 말을 깊이 곱씹었다.
그동안 그는 과거의 실수와 후회에 사로잡혀 괴로워했던 순간들을 떠올렸다.
그는 자신의 부족함을 자책했고,
이미 사라진 시간 속에서 의미를 찾으려 했었다.
하지만 그 순간들은 이미 지나간 것이었고,
그것들이 현재의 자신을 지배하게 둘 필요는 없었다.
그는 또한 미래에 대한 두려움 때문에
많은 선택에서 망설였던 기억이 떠올랐다.
실패에 대한 두려움, 상실에 대한 두려움,
그리고 불확실한 미래가 만들어내는 막연한 불안감 —
그 모든 것이 그를 현재에서 멀어지게 했다.
그는 깨달았다.
자신이 줄곧 놓치고 있었던 것은 지금 이 순간이었다.
"결국, 지금 이 순간에 집중하는 것이 가장 중요하다는 말씀이군요."
아버지는 미소를 지으며 고개를 끄덕였다.
"그렇지.
지금 이 순간은 지나가면 다시 오지 않아.
지금의 너는 두 번 다시 존재하지 않아.
너는 늘 변화하고, 매 순간 다시 태어나고 있어.
삶의 본질은 바로 그 변화 속에서 살아가는 거야.
그 순간을 놓치지 않고 살아갈 때,
너는 비로소 삶의 진정한 의미에 닿게 돼."
아들은 고개를 끄덕이며 아버지의 말을 받아들였다.
그는 이제 과거에 얽매이지 않고,
미래의 불안에 흔들리지 않기로 결심했다.
그는 지금 이 순간을 온전히 살아갈 준비가 되어 있었다.

하지만 아들은 다시 질문했다.
"아버지, 그런데 왜 우리는 순간을 놓치게 되는 걸까요?"
아버지는 조용히 미소 지으며 말했다.
"집착 때문이야.
사람들은 결과에 집착하고,
사람들의 평가에 집착하고,
성공과 실패에 집착해.
그 집착이 우리를 과거와 미래에 가두는 거야.
결과에 연연하지 않고,
순간의 흐름에 몸을 맡길 수 있을 때 —
그때 너는 진정한 자유를 얻게 돼."
아들은 그 말을 들으며 자신이 살아온 방식을 돌아보았다.
그는 끊임없이 더 나은 성취를 위해 자신을 채찍질했고,
결과가 좋지 않을 때마다 좌절했다.
성공했을 때도 만족보다는 두려움이 먼저 찾아왔다.
다시 실패할까 봐,
다시 잃을까 봐,
그는 늘 불안했다.
그러나 아버지의 말을 들으니 모든 것이 명확해졌다.
그는 결과가 아니라 지금 이 순간에 충실하면 된다는 것을 깨달았다.
"아버지의 말씀이 이제야 조금씩 더 깊이 와닿는 것 같아요.
순간을 온전히 살아가는 것,
그게 아버지께서 남기시는 가장 중요한 가르침이군요."
아버지는 따뜻한 미소를 지으며 고개를 끄덕였다.
"그래, 아들아.

모든 것에는 끝이 있어.
나도 언젠가는 떠나겠지.
하지만 내가 너와 나눈 이야기는 너의 삶 속에서 살아 있을 거야.
순간을 놓치지 않고,
지금 여기에서 충실하게 살아가는 것 —
그것이 내가 너에게 남기고 싶은 마지막 메시지다."
아들은 아버지의 마지막 메시지가
그가 앞으로 살아갈 삶의 중요한 지침이 되어 줄 것을 느꼈다.
그는 더 이상 두렵지 않았다.
삶이 끝나는 순간도 두렵지 않았다.
왜냐하면 그는 매 순간을 온전히 살아가는 법을 배웠기 때문이다.
아버지가 그에게 남긴 마지막 메시지는 명확했다.
"지금 이 순간을 온전히 살아라."
그는 아버지의 눈을 바라보며 조용히 말했다.
"아버지, 감사합니다.
아버지의 마지막 메시지를… 제 마음에 깊이 새길게요."
아버지는 미소를 지었다.
"그래, 아들아.
네가 그 말을 가슴 깊이 새겼다면,
너는 이미 자유로운 사람이야."
아들은 눈을 감았다.
그의 마음에는 평온이 찾아왔다.
지금 이 순간 —
그는 진정으로 자유로워지고 있었다.

맺음말: 삶이란 무엇인가?

그 질문은 어쩌면, 살아가는 한 계속해서 돌아올 수밖에 없는 물음일지도 모른다.

아버지는 대답하지 않았지만, 그의 삶이 내게 남긴 흔적은 말없이 그 답을 알려주었다.

삶은 거창한 이론이나 설명이 아니라,
지금 이 순간을 있는 그대로 살아내는 데서 시작된다는 것.
결국 우리가 할 수 있는 건,
다가오는 매 순간에 조용히 머물며,
그 안에서 자신만의 의미를 하나씩 발견해 가는 일이다.
삶은 언제나 멀리 있는 듯 보이지만,
실은 지금 이 순간 우리 안에 있다.
내가 그 사실을 깨달았던 것처럼,
이 책을 읽은 당신도 스스로의 삶 안에서
작지만 확실한 진실을 발견하길 바란다.

그리고, 나의 삶을 일깨워준 존재 ―
세상에 없는 어머님께 이 책을 바칩니다.
그리움은 말이 없고,
사랑은 때로 침묵 속에서 더 깊다.